U0694371

新时代大学生劳动教育

》》》理论与实践

主　编　贾湘琳　胡　强

副主编　刘　佳　刘书华
　　　　马　娜　刘慧娟

重庆大学出版社

内容提要

本书专为职业院校学生、职业本科教育研究人员及劳动教育研究者量身打造,系统构建了劳动教育的知识与实践体系。全书分为理论学习篇、实践指导篇两大板块。理论学习篇涵盖劳动认知、劳动教育、劳动精神及劳动能力四大章节,深入剖析劳动的本质、历史演变、价值观、教育意义、精神传承及能力培养,特别融入马克思主义与新时代劳动观,强化劳动文化与校园传承。实践指导篇则聚焦岗位实习、社会实践、劳动法规及劳动安全四大领域,详细指导实习过程管理、志愿服务、政策法规遵守及安全防护。附录部分为读者提供了《大学生劳动实践手册》,助力学生将理论知识转化为实际操作能力。本书旨在全面提升职业院校学生的劳动素养,同时为教育工作者提供研究与实践的参考蓝本。

图书在版编目(CIP)数据

新时代大学生劳动教育理论与实践 / 贾湘琳, 胡强主编 . -- 重庆 : 重庆大学出版社, 2025. 8. -- ISBN 978-7-5689-5530-0

Ⅰ. G40-015

中国国家版本馆 CIP 数据核字第 2025M92T77 号

新时代大学生劳动教育理论与实践
XINSHIDAI DAXUESHENG LAODONG JIAOYU LILUN YU SHIJIAN

主 编 贾湘琳 胡 强
副主编 刘 佳 刘书华 马 娜 刘慧娟
责任编辑:范 琪 版式设计:范 琪
责任校对:谢 芳 责任印制:张 策

*

重庆大学出版社出版发行
社址:重庆市沙坪坝区大学城西路 21 号
邮编:401331
电话:(023)88617190 88617185(中小学)
传真:(023)88617186 88617166
网址:http://www.cqup.com.cn
邮箱:fxk@cqup.com.cn(营销中心)
全国新华书店经销
重庆永驰印务有限公司印刷

*

开本:787mm×1092mm 1/16 印张:12 字数:180 千
2025 年 8 月第 1 版 2025 年 8 月第 1 次印刷
印数:1—6 500
ISBN 978-7-5689-5530-0 定价:39.80 元

本书如有印刷、装订等质量问题,本社负责调换
版权所有,请勿擅自翻印和用本书
制作各类出版物及配套用书,违者必究

《中华人民共和国教育法》提出"教育必须为社会主义现代化建设服务、为人民服务,必须与生产劳动和社会实践相结合,培养德智体美劳全面发展的社会主义建设者和接班人"的教育方针。为深入贯彻落实这一方针,中共中央、国务院发布《关于全面加强新时代大中小学劳动教育的意见》,对加强新时代劳动教育进行了整体设计。此后,教育部印发《大中小学劳动教育指导纲要(试行)》,对劳动教育是什么、教什么、怎么教等问题加强了专业指导。

本书将理论与实践紧密结合,包括理论学习篇和实践指导篇两大板块,既注重劳动知识的系统传授,又强调劳动实践的有效指导,旨在帮助读者树立正确的劳动观念,培养积极的劳动精神,提升全面的劳动能力,成长为具有社会责任感、创新精神和实践能力的新时代劳动者。作为一本全面而系统的劳动教育教材,本书从劳动的价值和作用角度出发,在文化特色、职业教育特色以及时代特色这三个方面都具有显著的特点和优势。

1. 体现不同层次的文化特色

首先,体现劳动精神的弘扬与传承。本书深入挖掘和阐述了劳动精神的内涵,从国家、地方、学校三个层级对劳动精神的传承进行了多层级分析。本书通过介绍劳模精神、工匠精神等典型劳动精神以及地域劳动风尚,激励大学生弘扬劳动精神,践行劳动美德。

其次,注重劳动文化在校园中的传承。如通过学校公益服务、高校勤工助学和职业技能竞赛等形式,将劳动文化融入大学生的日常学习和生活中,形成独特的校园文化氛围。

最后,关注劳动教育本身的文化价值。本书强调劳动教育在培养全面发展人才中的不可替代作用,通过劳动树德、劳动强体、劳动增智和劳动育美等多个方面,全面阐述劳动教育的文化价值。

2. 体现职业教育的特色

本书内容将劳动能力与职场需求紧密结合,着重培养大学生的实际劳动能力,从生活自理能力到职业适应能力,再到数字劳动工具的使用能力,内容涵盖了劳动能力的多个方面。特别强调数字劳动工具的使用能力,这是对传统劳动能力的一种拓展和创新,适应了现代职场对数字化技能的需求。在实践指导篇中,编者提供了岗位实习和社会实践指导,这些指导内容具体、详细,可操作性强,有助于大学生更好地规划和实施劳动实践活动,为未来的职业生涯做好充分准备。

3. 体现信息化时代的特色

本书紧密结合信息时代的发展特点,深入剖析信息时代劳动变革的趋势和影响,以及新时代青年人的劳动价值观。通过介绍人工智能、大数据、云计算、物联网等数字劳动工具的使用,帮助大学生提升数字化时代的劳动能力,适应信息时代的职业发展需求。本书还强化了劳动法规与安全教育的时代性,以帮助大学生了解劳动法律法规,维护自身的合法权益。附录的《大学生劳动实践手册》(口袋手册)更是本书的贴心补充。它以简单实用的形式,为大学生在劳动实践中提供随时可查的指导和帮助,其内容包含了劳动实践的基本流程、常见问题的解决方法等内容,使劳动教育真正融入大学生的日常生活和学习中。

本书由贾湘琳、胡强担任主编,刘佳、刘书华、马娜、刘慧娟担任副主编。编者团队本着严谨的治学态度和高度的工作热情编写本书,但因编者水平有限,书中难免存在不足之处,敬请广大读者批评指正。

本书在编写过程中,借鉴了有关专家、学者、媒体的相关著作、文章等资料,在此致以诚挚的谢意!在编写过程中,为突出本书主题,对部分资料进行了整合、节选及文字调整,瞻顾不周之处,敬请相关作者指正。书中所引用的绝大多数资料均注明了出处、作者,但仍有个别资料未能查到确切作者,冒昧引用,恳请见谅。

希望通过本书的学习,大学生能够全面提升自己的劳动素养和综合能力,为未来的职业生涯和社会发展奠定坚实的基础。同时,本书也为劳动教育领域的研究和实践提供了有益的参考和借鉴,以期共同推动劳动教育事业的发展。

编　者

2025年3月

理论学习篇

第一章　劳动认知

第一节　劳动的含义　/ 004

一、劳动的定义　/ 005

二、劳动的特征　/ 005

三、劳动的分类　/ 006

第二节　劳动的发展　/ 010

一、古代劳动的起源与演变　/ 010

二、近现代劳动的革命性发展　/ 012

三、信息时代的劳动变革　/ 014

第三节　劳动价值观　/ 016

一、当代青年人的劳动价值观　/ 016

二、马克思主义劳动观的基本内涵　/ 018

三、习近平新时代劳动观的思想内涵　/ 020

第二章　劳动教育

第一节　劳动与教育相结合的理论　/ 028

第二节　新中国劳动教育的历史回顾　/ 029

一、社会主义过渡时期（1949—1956年）的劳动教育　/ 029

二、社会主义建设探索时期（1957—1977年）的劳动教育　/ 031

三、改革开放至20世纪末（1978—1999年）的劳动教育　/ 033

四、全面建设小康社会以来（2000—2012年）的劳动教育　 / 037

五、新时代中国特色社会主义建设时期（2012年至今）的劳动教育　 / 040

第三节　新时代劳动教育的价值　 / 042

一、劳动树德　 / 043

二、劳动强体　 / 044

三、劳动增智　 / 045

四、劳动育美　 / 046

第三章　劳动精神

第一节　劳动精神的时代传承　 / 049

一、劳模精神　 / 049

二、劳动精神　 / 060

三、工匠精神　 / 063

第二节　劳动精神的地域传承　 / 065

一、自强不息的奋斗风尚　 / 065

二、经世致用的务实品质　 / 066

三、敢为人先的开拓精神　 / 068

第三节　劳动文化的校园传承　 / 069

一、学校公益服务　 / 070

二、高校勤工助学　 / 071

三、职业技能竞赛　 / 073

第四章　劳动能力

第一节　生活自理能力　 / 078

一、衣之有形　 / 079

二、食之有味　 / 081

三、居之有序　 / 084

第二节　职业适应能力　 / 086

一、现代职场环境与特点　 / 087

二、现代职场需要什么样的人　/ 089

三、职场能力的定义与分类　/ 090

第三节　数字劳动工具　/ 092

一、人工智能　/ 092

二、大数据　/ 093

三、云计算　/ 094

四、物联网　/ 094

五、DeepSeek深度学习与数据挖掘平台　/ 095

实践指导篇

第五章　岗位实习

第一节　岗位实习的价值意义　/ 100

一、政策定位与育人功能　/ 100

二、有利于学生的职业发展　/ 101

三、有利于促进社会就业和产业升级　/ 102

第二节　岗位实习的过程管理　/ 103

一、实习前的准备　/ 103

二、实习中的实施　/ 104

三、实习后的总结　/ 105

第三节　岗位实习的考核评价　/ 107

一、考核原则　/ 107

二、考核内容　/ 107

三、实习考核　/ 108

第六章　社会实践

第一节　社会志愿服务活动　/ 110

一、志愿服务的时代价值　/ 110

二、志愿服务的精神内涵　/111

三、志愿服务的实施管理　/111

第二节　高校毕业生"三支一扶"计划　/113

一、高校毕业生"三支一扶"计划的重要意义　/113

二、组织招募的方式与条件　/113

三、组织招募的原则与程序　/114

第三节　大学生志愿服务西部计划　/115

一、大学生志愿服务西部计划的意义　/115

二、大学生志愿服务西部计划项目　/115

第四节　大学生"三下乡"活动　/116

一、科技下乡　/117

二、文化下乡　/117

三、卫生下乡　/117

第七章　劳动法规

第一节　强化劳动法治意识　/120

一、我国的劳动法律制度　/120

三、劳动者的权利　/123

三、劳动者的义务　/127

第二节　遵守劳动纪律　/128

一、劳动纪律的内容　/129

二、如何遵守劳动纪律　/129

第三节　维护合法权益　/131

一、维护实习权益　/131

二、维护就业权益　/135

第八章　劳动安全

第一节　劳动安全的内涵　/144

一、劳动安全的概念　/144

二、导致安全隐患的常见情况　　/ 144

三、女职工特殊保护　　/ 145

四、劳动安全的基本原则　　/ 146

第二节　常见的劳动安全类型　　/ 147

一、校园劳动安全　　/ 147

二、实验实训安全　　/ 147

三、校外实习安全　　/ 148

第三节　职业健康安全应对　　/ 149

一、安全事故心理创伤及其应对　　/ 149

二、常见职业病的危害及其预防　　/ 150

第四节　劳动防护用品　　/ 152

参考文献

理论学习篇

第一章　劳动认知

学习目标

1. 理解劳动的基本含义与特征。

2. 掌握劳动的分类。

3. 追溯劳动的历史演变与发展。

4. 树立正确的劳动价值观。

知识图谱

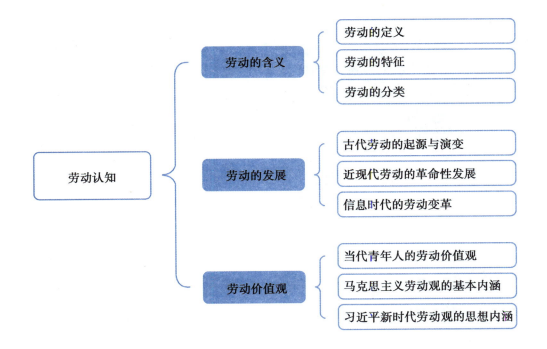

【学习导读】

"劳动"的造字

一滴汗水包含劳动之美，一分收获体现劳动价值。制造和使用生产工具，从事生产劳动，以获取自己必需的物质生活资料是人区别于其他动物的根本标志和特征。从远古时代以来，我们的先人们就用文字和歌谣赞美劳动的伟大。而"劳动"一词的造字和出现本身就是对劳动场面的描述和对劳动的礼赞。

"劳動"

在《说文解字》【卷十三】："劳"由yan mi li三部分组成。从造字结构上，我们也不难体察到先祖们耐人寻味的意味。Yan（炎）是"炽盛"，代表着温暖、光明、希望。Mi是"冥"的古字，做偏旁时常称之为"秃宝盖"，本义覆盖，代表房屋。Li代表动作和力量。上面三个部分组合在一起，成为一个"劳"字。这个字告诉我们通过辛勤劳作就能给一个房屋一个家带来光明、温暖和希望。"动"，作也。从力重声。将"劳"与"动"二字结合，便形成了"劳动"一词。在古代汉语中，"劳动"多指辛勤劳作，特指农业生产活动。随着社会的发展和分工的细化，"劳动"一词的含义逐渐扩大，涵盖了所有通过体力或脑力活动创造物质财富和精神财富的行为。

第一节 劳动的含义

日常生活中，劳动是司空见惯的存在，是人们非常熟悉的一种人类活动。科技人员在实验室做研究是劳动，工人在机床前操作是劳动，农民在烈日下除草是劳动，老师给学生上课是劳动。但倘若要给"劳动"下一个准确的定义，人们马上就会陷入困境。劳动一词由来已久，在中国古代思想中，劳动最初是指"操作、活动"，如《庄子·杂篇·让王》中提到的"春耕种，形足以劳动"，《三国志·魏书·方技传》中提到的"人体欲得劳动，但不当使极尔"等。在西方语系中，"劳动"概念的起源与痛苦、厌烦等消极含义均有直接或间接的相关性。直到16世纪，马丁·路德让劳动获得了积极光荣的含义。17世纪,威廉·配第提出劳动是财富之父,土地是财富之母。18世纪,亚当·斯密提出劳动是价值源泉。19世纪,马克思、恩格斯提出劳动是人的本质。

一、劳动的定义

劳动是区分人与动物的重要标志。劳动是人类实践活动的一种特殊形式,多指创造物质财富和精神财富的活动。

《中国大百科全书》将劳动定义为:人类特有的基本的社会实践活动。人们使用一定工具有目的地改造自然物使之适合于人,并同时使人自身也得到改变的社会活动。

《教育大辞典》将劳动定义为:劳动力的使用和消费。人以自身活动来引起、调整和控制人和自然之间的物质变换过程。制造和使用生产工具,并在一定的社会关系中进行劳动,是人和动物的本质区别。

《辞海》对劳动的定义是:人们改变劳动对象使之适合自己需要的有目的的活动。即劳动力的支出或使用,是人类社会存在和发展的最基本条件。

综上所述,可将劳动定义为:劳动是人类特有的,为满足自身的物质和精神需要,有目的地调整和控制人和自然界之间的物质变换过程的一种改变自然物的社会实践活动。

【拓展阅读】劳动含义的演变:从本土词到进口概念的融合

二、劳动的特征

(一)劳动具有人类专属性

从表面上看,劳动作为一种活动,是对自身生活有用的自然物质的占有,这与自然界动物的活动并无区别。如蜘蛛通过织网来捕食猎物,蜜蜂通过建筑蜂房来储存蜂蜜,燕子通过衔草筑巢来养育后代。然而,动物的这些活动不能称为劳动,因为它是一种动物生存的本能。人的劳动和动物的本能活动最不同的地方是,人的劳动是由自觉意识支配的、能动的和具有一定目的的活动。

【拓展阅读】人与动物的区别

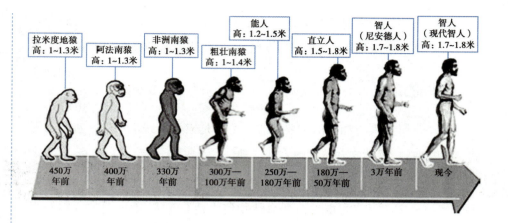

能人
高：1.2~1.5米

拉米度地猿
高：1~1.3米

阿法南猿
高：1~1.3米

非洲南猿
高：1~1.3米

粗壮南猿
高：1~1.4米

直立人
高：1.5~1.8米

智人
（尼安德人）
高：1.7~1.8米

智人
（现代智人）
高：1.7~1.8米

450万
年前 　 400万
年前 　 330万
年前 　 300万—
100万年前 　 250万—
180万年前 　 180万—
50万年前 　 3万年前 　 现今

恩格斯论劳动在从猿到人转变过程中的作用

（二）劳动具有自觉意识和能动性

自觉意识指的是个体在劳动过程中的主动性、目的性和计划性。它不是盲目的、被动的，而是有明确目标和自我驱动的。这种意识使人们能够预见劳动的结果，规划劳动的过程，并在实践中不断调整和完善。能动性是指劳动过程中的创造性和变革性，其赋予了劳动以无限的可能，使人们能够创造出前所未有的事物，解决前所未有的问题。在人类的劳动中，自觉意识是劳动能动性的基础，能动性是劳动自觉意识的延伸和深化。

（三）劳动具有创造性

劳动具有自觉意识和能动性，它是具有目的的活动。然而有自觉能动意识、有目的性的活动，并不都是劳动。因为人是有意识和思想的，人的一切活动都受意识的支配。如旅游、跳舞、吃饭、睡觉、打游戏、看电影等，虽然具有目的性，但并不能称为劳动。只有那些能够创造出物质财富和精神财富的创造性活动，才能称为劳动。而前面所说的消费性和休闲娱乐活动，则不能称为劳动。

三、劳动的分类

人们按照不同的标准从不同的角度，可将劳动分为不同的种类。

（一）体力劳动和脑力劳动

我国早有"春耕种，形足以劳动""人体欲得劳动，但不当使极尔"的记载，表明劳动是操作或活动的意思。在西方，劳动作为动词是耕作的意思，作为名词是指比较费力的工作。由此可以看出，劳动在以前多指的是体力活动。而随着社会生产力的发展，劳动不再局限于体力活动，也包括脑力的耗费。因此，按照传统的劳动理论，劳动就有了体力劳动和脑力劳动之分。

体力劳动，是以人体肌肉与骨骼的活动为主，使用或消耗体力的劳动。体力劳动是人类社会发展的基础。在人类社会的早期阶段，人们主要依靠体力劳动来满足生活的需要。农耕、渔猎、建筑等体力劳动是人类社会最早的生产方式，它们为人类社会的发展提供了物质基础。即使在现代社会，体力劳动仍然是不可或缺的。例如，建筑工人、清洁工、搬运工等职业都需要进行体力劳动，为社会的正常运转提供保障。当然，体力劳动者在劳动时，并不是一点也不消耗脑力，他们也要动脑筋、想办法。比如，农民在种田时，要考虑耕作的深浅、种植的疏密、施肥的多少等；工人在生产零件时，也要先看懂图纸，才能正确操作机器或使用工具，生产出符合要求的产品。

脑力劳动，是以大脑神经系统活动为主，使用或消耗脑的劳动，是劳动者把自己的智力运用到劳动过程中去，创造物质财富或精神财富的活动。脑力劳动是一种复杂劳动，单凭劳动者的传统经验是无法完成的，必须有丰富的文化知识和科学技术才能进行。科学家、工程师、教师、艺术家等职业都需要进行脑力劳动，为社会的创新和进步作出贡献。脑力劳动的特点是需要较高的智力和思维能力，它不仅仅是个体的劳动，更是社会知识和智慧的集合。

（二）简单劳动与复杂劳动

简单劳动是指不需要经过专门训练和培养，一般劳动者都能从事的劳动。复杂劳动是指需要经过专门训练和培养，具有一定文化知识和技术专长的劳动者所从事的劳动。复杂劳动包含比较多的技巧和知识的运用，是倍加的简单劳动。马克思指出，比社会平均劳动较高级较复杂的劳动是这样一种劳动表现,这种劳动力比普通劳动力需要较高的教育费用,它的生产要花费较多的劳动时间,因此它具有较高的价值。

相比简单劳动,复杂劳动对肢体动作和脑力认识的要求更高。复杂劳动要求劳动者具备相当高水平的知识和技能,并且需要经过一系列劳动过程才能完成。例如,学习制作一件精美的手工艺品,仅用一堂课的时间通常不够,一般需要持续工作数天甚至数月。即使是完成一次家庭大扫除,包括修整庭院植物、扫地、擦窗户、清理家具等工作,或许也会持续数天时间,其他需要较多体力和脑力的生产和服务劳动更是如此。在一线管理者的周密计划之下,建筑工人、桥梁工人按照蓝图,经过数年才能建造出一幢幢高楼、一座座大桥。要完成复杂劳动,除需要具备专门的知识和技能外,更需要具备计划能力,这既包括做事的能力,也包括有计划地做事的能力。正如马克思指出的:"蜘蛛的活动与织工的活动相似,蜜蜂建筑蜂房的本领使人间的许多建筑师感到惭愧。但是,最蹩脚的建筑师从一开始就比最灵巧的蜜蜂高明的地方,是他在用蜂蜡建筑蜂房以前,已经在自己的头脑中把它建成了。"

(三)具体劳动与抽象劳动

马克思在剖析商品的使用价值和价值时指出,生产商品的劳动包含两个方面,即生产使用价值的具体劳动和生产价值的抽象劳动。

具体劳动是指在一定的具体形式下进行的劳动。例如,木匠用斧子、锯、刨子等劳动工具来加工木材(劳动对象),从而生产出桌、椅、柜、床等劳动产品。又如农民种地时用犁、耙、拖拉机、收割机等劳动工具,进行翻地、播种、收割等活动,从而收获农产品。具体劳动体现人和自然的关系,是劳动的自然属性。制造家私和种地只不过是耗费人类劳动力的两种不同形式,都是人类劳动力的支出。

抽象劳动是指除去具体形式的、人类一般的、没有差别的劳动,是人类劳动力(脑力和体力)在一般生理学意义上的支出或消耗。抽象劳动反映的是商品生产者之间的经济关系,是劳动的社会属性。只有在商品生产的条件下,当人们的经济联系通过劳动产品的相互交换实现时,人类耗费在这些劳动产品上的脑力和体力,才能当作形成价值的一般人类劳动而被"抽象"出来。因此,抽象劳动可以说是商品经济特有的一种社会关系。

具体劳动和抽象劳动是统一且对立的。一方面,商品生产者在进行具体劳动时也发生了抽象劳动,二者在时间上、空间上都是统一的、不可分割的;另一方面,具体劳动和抽象劳动是生产商品时劳动的两种不同属性,分别对应劳动的自然属性和社会属性。

(四)日常生活劳动、生产劳动和服务性劳动

在教育部2020年印发的《大中小学劳动教育指导纲要(试行)》中指出,可按照劳动教育的内容,把劳动分为日常生活劳动、生产劳动和服务性劳动。

1. 日常生活劳动

日常生活劳动是指日常生活中所进行的各种劳动活动,包括个人的生活自理(包括物品清洗、整理与收纳、养成个人卫生清洁习惯等)、自觉分担家务、日常饮食烹饪以及家用器具的使用与维护、校园卫生清洁等。这些劳动看似简单,却是人们生活的基础,是人们维持生活秩序和个人健康的必要劳动。人们通过日常生活劳动,养成良好的卫生习惯和生活能力,树立自立自强意识。

2. 生产劳动

生产劳动是指为创造物质财富而付出的劳动,是国民社会经济发展的重要组成部分,它直接关系到国家的经济繁荣和人民的生活水平。比如,农民种田、工人生产产品、科学家研究创新等,都属于生产劳动的范畴。人们在工农业生产过程中亲身经历物质财富的创造过程,体验从简单劳动、原始劳动向复杂劳动、创造性劳动的发展过程,学会使用工具,掌握相关技术,感受劳动创造价值,增强产品质量意识,体会平凡劳动中的伟大。

【拓展阅读】"生产性劳动"辨析

3. 服务性劳动

服务性劳动是指利用知识、技能、工具、设备等为他人和社会提供服务的劳动。比如医生诊治患者、教师教授学生、服务员提供餐饮服务等,都属于服务性劳动的范畴。我们身边就有社区环保、公共卫生维护、参与社区建

【拓展阅读】"三下乡"活动

设等公益劳动,助残、敬老、扶弱、"三下乡"活动等。服务性劳动的目的是满足人们的需求,提供便利和舒适的生活环境,树立劳动者的服务意识,强化社会责任感。

第二节　劳动的发展

一、古代劳动的起源与演变

（一）原始社会的采集与狩猎劳动

原始社会的采集与狩猎劳动是人类为了生存和繁衍而进行的两种核心活动。采集劳动主要涉及对自然环境中丰富植物资源的利用,女性通常负责此项任务,她们深入森林、草原,凭借对植物的深刻了解和细致观察,采集各种野果、坚果、根茎与叶子,不仅为部落提供了食物来源,还发掘出植物的药用价值和多种用途。与此同时,狩猎则是男性主导的高风险、高回报活动,他们组成团队,运用简陋的石器、木棒,凭借出色的追踪技巧和团队协作,成功捕捉野生动物,为部落带来珍贵的肉类食物,同时也锻炼他们的身体素质和野外生存技能。这两种劳动方式相辅相成,共同构建了原始社会的生活基础,不仅确保了人类的生存需求,更在无形中塑造了原始社会的组织结构、性别角色以及对自然环境的敬畏与认知。

原始社会的采集与狩猎劳动

（二）农业社会的耕种与畜牧劳动

农业社会的耕种与畜牧劳动是人类文明进步的重要标志,它们共同构成了农业社会的经济基础。耕种劳动主要是指人类通过耕种土地、播种作物来获取粮食和其他农产品的过程。畜牧劳动是指人们开始驯养动物,如牛、羊、猪等,通过放牧和饲养来获取肉类、乳制品以及其他畜产品。耕种与畜牧劳动在农业社会中相互依存、相互促进。耕种提供了丰富的粮食和农作物残渣作为饲料,支持了畜牧业的发展;畜牧业则为耕种提供了肥料和动力,提高了土地的利用率和农作物的产量。这两种劳动方式的结合,使得人类能够更加高效地利用自然资源,实现了农业生产的可持续增长,推动了社会的进步与繁荣。

【拓展阅读】在古诗文中感受我国的农耕文明

农业社会人们的劳动场景

(三) 手工业与商业的兴起及其劳动特点

　　手工业与商业的兴起是人类社会发展的重要里程碑,它们不仅丰富了人们的物质生活,还促进了社会经济的繁荣与文化的交流。手工业劳动以技艺为核心,涵盖了陶瓷制作、纺织印染、金属冶炼与加工、木工制作等诸多领域,注重技艺的精湛和产品的个性化。手工业者需要具备高超的技艺和耐心细致的工作态度。

　　商业劳动则是以交换和贸易为主要特征。随着生产力的提升和剩余产品的出现,人们开始将剩余的农产品、手工艺品等进行交换,逐渐形成了集市和贸易网络。商业劳动注重市场敏感度和交际能力,商人需要准确把握市场动态,灵活应对价格波动,同时还需要具备良好的沟通能力和商业道德,以维护商业关系的稳定和积累信誉。手工业与商业的兴起共同塑造了人类社会的经济面貌。它们不仅为人们提供了更为丰富的物质财富和精神财富,还推动了技术的革新和文化的传播,成为人类社会发展的重要推动力。

(四)封建社会中劳动的阶层分化

封建社会中劳动的阶层分化对社会结构产生了深远影响,并且这种影响在长远的历史进程中持续显现。在封建社会,劳动的阶层主要分化为农民、手工业者、商人和地主。农民作为主要的生产者,是封建社会的基础阶层,他们占有绝大部分人口,承受着沉重的劳役和赋税,其劳动成果大部分被地主剥夺,生活处于相对贫困的状态。手工业者凭借专业技能和手工技艺,在社会中占据了一席之地,他们为封建社会提供了丰富的手工艺品和日常用品,推动了商品经济的发展。商人则通过贸易和商业活动,促进不同地区间的经济联系和文化交流,积累了巨额财富,逐渐崛起为社会的新兴力量。地主作为土地的所有者,掌控着大量的生产资料,通过地租剥削农民,形成了社会的上层。这种劳动的阶层分化对社会产生了多重影响,它一方面加剧了社会的不平等和阶级矛盾,另一方面也促进了社会分工的细化和生产效率的提高。

二、近现代劳动的革命性发展

(一)工业革命对劳动方式的影响

工业革命的到来对劳动方式产生了前所未有的深远影响。这一时期的科技革新,特别是蒸汽机的广泛应用和机械化生产的兴起,极大地改变了传统的手工劳动模式。首先,工业革命推动了大规模工厂化生产的出现。过去分散在乡村和小镇的手工作坊被集中化、规模化的工厂所取代。工人们开始聚集在工厂中,按照严格的工序和分工进行生产。这种集中化的生产方式大大提高了生产效率,同时也对工人的劳动技能和纪律性提出了更高

【拓展阅读】"五一国际劳动节"的由来

的要求。其次,机械化生产的普及使得许多传统手工技艺逐渐被机器所取代。机器的广泛应用不仅提高了生产效率,还降低了对工人技能的依赖,使得劳动过程更加标准化和规范化。工业革命推动了社会生产力的巨大飞跃,促进了城市化进程和人口结构的变革,同时也加剧了社会阶级的分化和劳资矛盾的激化,为后来的社会主义运动和劳工运动奠定了基础。

(二) 科技进步与劳动生产力的飞跃

科技进步是推动劳动生产力飞跃的核心力量。随着自动化技术的发展与应用,劳动生产效率得到极大提高。传统的机械化生产逐渐被智能化、自动化的设备所取代。这些设备能够自主完成复杂的工序,减少对人工的依赖,从而实现生产过程的快速、准确和高效。近年来,信息技术的迅猛发展,更是对劳动生产力产生了巨大影响。互联网、大数据、人工智能等技术的普及使得信息的获取、处理和传递变得更加便捷和高效。这为企业提供了更好的市场洞察和决策支持,有助于优化生产流程、提高管理效率。同时,信息技术还推动了远程办公、在线协作等新型劳动方式的兴起,打破了时间和空间的限制,提高了劳动力的灵活性和效率。除此之外,伴随新材料、新能源等技术的突破,科技发展全面推动了产业结构的升级和转型,使得传统产业逐渐向高技术、高附加值的领域转移。这种转型不仅提高了整体经济效益,还为劳动者提供了更多的就业机会和发展空间。

【拓展阅读】春晚舞台机器人扭秧歌——杭州宇树科技

(三) 全球化背景下的劳动分工与合作

在全球化背景下,劳动分工不再局限于某个国家或地区,而是扩展到全球范围,形成了全球生产网络和价值链。

随着跨国公司的发展和国际贸易的增长,生产过程中的不同环节被分解并分布到全球各地。这种跨国的劳动分工充分利用了各地的资源优势和成本差异,提高了生产效率。例如,一些地区可能专注于原材料的生产和加工,而另一些地区则可能负责产品的组装和测试。随着信息技术的发展,远程协作和在线工作使得不同国家的劳动者能够跨越时空限制,共同参与到同一个项目中。他们可以通过视频会议、云协作平台等工具进行实时沟通

【拓展阅读】看病变成"跨国连线":班加罗尔医生如何用代码改变世界?

和协调,共同完成任务。这种国际合作不仅提高了工作效率,还促进了知识和技能的跨国交流。

全球化虽然给劳动者带来了很多便利,但劳动分工与合作也面临着竞争加剧等各种挑战。例如,跨国劳动分工可能导致一些国家或地区的劳动者失去工作机会,因为他们的工作被转移到生产成本更低的地区。此外,全球化也可能加剧社会不平等,因为一些高技能和高需求的工作可能获得更高的报酬,而低技能的工作则可能面临更大的竞争和较低的薪资。这就要求劳动者不断提升自身的技能和知识水平,以适应全球市场的需求。同时,企业也需要不断优化劳动分工和合作模式,以提高自身的国际竞争力。

三、信息时代的劳动变革

随着信息技术的迅猛发展,特别是互联网、大数据、云计算和人工智能技术的普及,劳动方式、工作环境以及劳动力需求都发生了翻天覆地的变化。信息时代劳动的新形态可归结为远程工作和在线协作的新模式、劳动技能的新要求、就业结构的新变化、劳动市场的新竞争、劳动法律法规的新问题等五个方面。

远程工作和在线协作的新模式是指借助高效的网络连接和先进的协作工具,劳动者可以在家或其他远离传统办公室的地方工作,这种灵活模式极大地提高了工作效率,同时也为雇主和员工带来了更大的便利。但也面临着如何保持团队之间的沟通效率、如何管理和激励远程工作的员工,以及如何确保数据安全和隐私保护的挑战。

劳动技能的新要求是指随着传统体力劳动逐渐被机器和自动化系统取代而对数据分析、软件开发、网络安全等高科技技能的需求日益增加,使得劳动者面临着不断更新自己知识体系,提升专业技能,以适应快速变化的工作环境的挑战。

就业结构的新变化是指新兴行业如电子商务、大数据分析、人工智能等创造了大量的新职位,同时一些传统行业可能因技术替代而减少工作岗位。因此,技能转型对于部分劳动者来说是一个巨大的挑战,特别是那些缺乏学习能力、缺乏相关教育背景或培训机会的人群。

劳动市场的新竞争是指随着全球化和网络技术的发展，劳动者不仅面临来自本地人才的竞争，还可能面临来自世界各地优秀人才的挑战。

劳动法律法规的新问题是指随着远程工作的普及，如何界定工作时间、如何保护劳动者的合法权益以及如何确保数据安全和用户隐私等。这需要政府、企业和劳动者共同努力，制定和完善相关的法律法规，以确保信息时代的劳动市场能够健康、可持续地发展。

【知识拓展】

《中华人民共和国职业分类大典（2022年版）》首次标注97个数字职业

2022年9月，人力资源社会保障部颁布了《中华人民共和国职业分类大典（2022年版）》（以下简称"2022版《职业分类大典》"），其首次标注了97个数字职业（标注为S），占职业总数的6%。这一调整深刻体现了我国数字经济快速发展对就业形态的重塑。数字职业覆盖人工智能算法工程、大数据分析、区块链应用操作、物联网安装调试、元宇宙场景构建等前沿领域，既包含技术开发类岗位（如"数据安全工程技术人员"），也涵盖应用服务类岗位（如"无人机驾驶员""直播电商主播"）。这些职业的设立标志着我国职业分类体系首次系统回应数字技术革命，为新兴行业人才队伍建设提供标准依据，同时也反映出"职业随技术进步迭代"的时代特征。通过明确职业定义、工作内容和技能要求，2022版《职业分类大典》为职业教育、职业培训和人力资源管理提供了精准导向，助力推动了数字技术与实体经济深度融合，支撑了我国数字经济高质量发展战略目标。

想象一下：当你用手机扫码点奶茶时，背后是"物联网工程师"在保证咖啡机不会罢工；当你刷短视频笑到肚子疼时，"算法推荐员"正在分析你的笑声数据；你的聊天机器人学会跟你说"小心！烫"……数字技术像一场无声的春雨，催生了这些"新物种"职业。

第三节　劳动价值观

劳动价值观是指个体或社会对劳动的本质、目的、意义及行为准则的根本性看法,体现为对劳动的认知、情感、态度和行为选择。它是价值观的重要组成部分,直接影响人们的劳动动机、职业选择和社会行为。人们在劳动的过程中,总是会形成对劳动的各种看法和认识,这些看法和认识反映劳动者对劳动的态度,决定劳动者在劳动过程中的行为。好的劳动价值观,会引导我们作出正确的选择;不好的劳动观念,则会让我们作出错误的行为。

一、当代青年人的劳动价值观

思想是行为的先导,我们日常的行为习惯实际上都是个人思想意识的反映。我们从当前大学生的日常生活、择业倾向和工作实践中可以看出其内在的劳动价值观。

(一)劳动意识淡薄

大学生劳动意识淡薄,不喜欢劳动,甚至厌恶和逃避劳动,缺乏对劳动人民的质朴感情,不懂得尊重和珍惜他人的劳动成果。在发放调查问卷并与受访者沟通的过程中,我们发现,多数人都认为劳动是很辛苦的,将体力劳动与文化水平低下等同起来。有部分人不喜欢劳动甚至厌恶劳动,家境条件并不富裕却热衷于生活享受,自身的物质需求高于父母的需求,缺乏生活自理能力,宿舍卫生条件较差……这些不会依靠自己劳动付出收获劳动成果的人,不但不会尊重劳动人民和他人的劳动成果,更不会懂得丰富的劳动成果来之不易。

(二)价值取向功利性

由于市场经济的引导,竞争不断加剧,人们的生活压力也随之加大。拜金主义、享乐主义等不良思潮相继涌现,一些大学生的劳动价值观也发生了一定程度上的扭曲,过度看重劳动报酬、工作待遇、福利享受以及享有的社会地位。调查结果显示，个人兴趣、理想以及工作与个人的匹配度，并不是毕业生就业时优先考虑的因素，这反映了当今大学生在求职中体现的劳动观价值功利化。在职业选择中，许多人往往是基于对身份的识别来评价某种职业，这就给自由择业带来了很大的限制与错误的障碍。这本质上反映的是大学生对劳动分工的片面认识。在职位选择上，有些大学生眼高手低，缺乏投身基层的热情，还有些大学生会对一些服务业轻易定义，认为其是不体面和不光彩的。这不仅影响了自身的就业选择，还意味着不尊重这一行业的其他劳动者。

（三）价值判断多元化

在信息化社会深度发展的背景下，大学生的价值观呈现出传统与现代交织的复杂图景。我国传统社会强调的"个人对社会的贡献"依然存在，但互联网、社交媒体和人工智能等技术革新重构了价值形成的底层逻辑。大学生数字原住民在算法推送的信息洪流中成长，既通过短视频平台接触多元文化理念，又在朋友圈的"人设经营"中强化个体符号价值，这种数字化生存方式催生了价值取向的多元化。有人追求"斜杠青年"式的自我实现，通过跨界技能在直播带货、自媒体创作中寻找人生价值；有人受"成功学叙事"影响更注重物质回报，将考研、考公与薪酬预期直接挂钩；还有人在信息茧房中陷入虚无主义，用"摆烂文学"消解现实压力。这种价值分化既源于技术带来的认知解放——让年轻人突破地域限制接触全球思潮，也折射出转型期社会价值体系的结构性矛盾，而就业市场的数字化变革进一步加剧了这种选择的多样性。

（四）个体本位性明显

数字化与全球化深度交织的当代社会，青年群体尤其是大学生群体日益凸显出以自我需求为核心的价值倾向。这种价值观的形成既源于独生子女家庭环境中独立意识的强化，也与互联网时代的技术赋权密切相关——社交媒体塑造的"符号化生存"让年轻一代更倾向于通过个人标签实现身份认同，算法推荐让人们越来越只看到自己感兴趣的内容，结果一些年轻人觉得,只要在网上获得更多点击和关注,就算实现了个人价值。这种价值倾向投射到职业选择中,表现为部分大学生过度关注个人发展空间而忽视团队协作,在求职过程中更依赖互联网资源(如面试攻略视频、简历优化工具等)而轻视前辈经验传承。某调查显示,仅少数学生主动寻求教师或行业导师的指导。当个体本位性与平台经济的"赢家通吃"逻辑相遇时,既催生了新型职业形态,也加剧了代际间的认知鸿沟。年轻一代在追求自由选择的同时,逐渐淡化了传统集体主义中的责任意识与奉献精神,这种价值撕裂在就业市场中尤为凸显,有人沉迷于短期变现的网红经济模式,有人则陷入消极抵抗的躺平文化,而忽视了职业发展所需的协作本质与社会贡献基础。

二、马克思主义劳动观的基本内涵

马克思认为劳动不仅是谋生的手段,更是通向客观世界与主观世界的媒介,也是实现人性至善至美、彻底自由的必由之路。要想树立正确的劳动观念,我们就要理解马克思主义劳动价值观和新时代劳动观,正确地进行劳动。劳动价值观是马克思的基本观点,这一观点贯穿马克思阐述的历史唯物主义、政治经济学、教育学原理等多个理论当中。

(一) 创造一切的根本是劳动

马克思用劳动的观点来认识和把握现实世界的发展,他对人类劳动的基本价值进行的分析主要表现为劳动创造世界、劳动创造历史和劳动创造人本身这三大主张。

1. 劳动创造世界

人类的劳动,特别是生产劳动,都是人类有意识、有目的的活动,人类开始生产生活资料时,也就间接地生产物质生活,最终创造出一个可以满足生活需要的物质世界。马克思认为,正是通过劳动,人类和外部世界的关系发生了根本性的转变,自然世界逐渐被改造成了人类世界,人类得以更好地生存和发展。

2. 劳动创造历史

马克思认为,人类为了能够创造历史,就必须能够生活。为了生活,首先就需要吃、喝、住、穿及其他一些东西。因此,第一个历史活动应该是生产满足这些需要的资料,即生产物质生活本身。这也是人类一直以来为了维持生活而从事的历史活动,是一切历史的基本条件。在马克思看来,人类只有立足生产劳动,才能真正理解人类历史的发展,劳动人民是历史的创造者,人类创造历史的行动就蕴含在日常生产劳动之中。

3. 劳动创造人本身

马克思指出:"劳动首先是人和自然之间的过程,是人以自身的活动来引起、调整和控制人和自然之间的物质变换的过程。"人类为了能够更有效地占有自然物质,就需要更好地进行手脑配合。这样一来,人类通过劳动作用于自然并改变自然的时候,也同时改变了人类本身。

【拓展阅读】劳动在从猿到人转变过程中的作用

(二) 商品价值的唯一源泉是劳动

马克思在《资本论》中提到,一方面,劳动是人类劳动力在生理学意义上的耗费,就抽象的人类劳动这个属性来说,它形成了商品价值;另一方面,劳动是人类劳动力在特殊的、有一定目的的形式上的耗费,就具体的人类劳动这个属性来说,它形成了使用价值。也就是说,马克思将抽象劳动的价值视为商品价值的一般尺度,而劳动的自然尺度则是劳动时间,因而就可以用劳动时间来衡量商品价值。

就马克思主义劳动价值观而言,商品是具有价值的,因为它是社会劳动的结晶。商品的价值大小取决于生产它所必需的相对劳动量。因此,商品的价值或相对价值,是由耗费于、体现于、凝固于该商品中的相应的劳动量所决定的。马克思认为,商品的价值是由劳动者创造的,要生产出一个商品,就必须在这个商品上投入或耗费一定量的劳动。因此,如果承认某种商品具有价值,就要承认在这种商品中存在社会劳动。不管社会劳动的形态发生了什么变化,劳动都是商品价值的唯一源泉。

【知识拓展】

剩余价值理论

剩余价值理论是马克思主义政治经济学的核心概念,它揭示了资本主义生产的实质和资本主义经济体系运转的核心机制。剩余价值是指雇佣工人在生产过程中所创造的,被资本家无偿占有的,超过劳动力价值的那一部分价值。这个理论强调了资本家对工人的剥削关系,是马克思主义经济学的重要基础理论之一。剩余价值的生产方法主要有两种:绝对剩余价值和相对剩余价值。绝对剩余价值是通过延长工作时间来实现的,而相对剩余价值则是通过提高生产效率、缩短必要劳动时间来实现的。剩余价值是衡量社会生产力水平高低的重要标尺。社会生产力水平越高,劳动者创造的剩余价值便越多。

(三)实现人类全面发展的重要途径是劳动

【拓展阅读】劳动异化理论与人类的自由劳动

马克思认为,生产劳动对于个人而言具有决定性的意义,研究发生在人身上的教育,就是研究人是如何学会通过劳动来生产自己需要的生活资料的,就是研究人与人之间具体的生产劳动关系是如何影响人自身的生产的。

劳动形成人的本质,劳动也是发生在人身上的教育。劳动承载着教育,教育又服务于劳动。教育的目的是提高人的劳动能力;而承载着教育功能的劳动本身也使人能够不断丰富自己的精神、拓展自己的才能、实现自己的价值。

马克思、恩格斯通过对人类社会发展的观察,提出现代教育的目标就在于实现人的劳动能力的全面发展。从他们所处的时代来看,当时精细化生产和社会分工已经导致人的劳动能力逐渐丧失了整体性,即体力劳动和脑力劳动逐渐被分离,二者各自片面发展,在一定程度上限制和破坏了人类发展的全面性。因此,只有通过全面提高人的劳动能力,才能使人有能力适应这种变化。恩格斯指出:"生产劳动给每一个人提供全面发展和表现自己全部即体力的和脑力的能力的机会,这样,生产劳动就不再是奴役人的手段,而成了解放人的手段。"劳动作为人类实践活动最典型的表现,促进人劳动能力的充分发展就意味着劳动的内容和形式需要具备完整性、丰富性和可变动性,从而更好地实现人的自觉能动性、创造性和自主性的全面发展。

三、习近平新时代劳动观的思想内涵

中国特色社会主义进入新时代,以习近平同志为核心的党中央把马克思主义劳动观与中国时代发展和时代特征相结合,立足时代之基,回答时代之问,引领时代之变,创立了习近平新时代劳动观。习近平新时代劳动观与马克思主义劳动观一脉相承,继承了其核心思想,同时又融入了中国元素、凸显了时代特点,创造性发展了马克思主义劳动学说。其内容涵盖劳动历史、劳动价值、劳动正义、劳动幸福、劳动教育五大方面,是一个逻辑严密、系统完整的理论体系。从历史、价值、正义、幸福、教育五个维度审视习近平新时代劳动观,又可以细分为相对独立又联系紧密的劳动历史论、劳动价值论、劳动正义论、劳动幸福论、劳动教育论。

(一)劳动历史论

劳动是人类的本质活动,"历史什么事情也没有做",整个世界历史不外是人通过人的劳动而诞生发展的历史,劳动不仅是人类生存和发展的前提,也是人类改造客观世界和主观世界的基础。从新时代劳动观的历史维度考察,劳动是人类的本质活动,是社会发展的重要动力,它深刻阐释了劳动创造的历史意义,在新时代劳动观中居于基础性、支配性的地位,为我们党坚持以人民为中心的发展思想提供了理论支撑,是党的全心全意依靠工人阶级方针的重要理论基础。

2013年4月28日,在同全国劳动模范代表座谈时,习近平总书记指出,"劳动是推动人类社会进步的根本力量","人民创造历史,劳动开创未来"。2015年4月28日,习近平总书记在庆祝"五一"国际劳动节暨表彰全国劳动模范和先进工作者大会上发表了重要讲话,着重强调了"劳动是人类的本质活动,劳动光荣、创造伟大是对人类文明进步规律的重要诠释"。2016年4月26日,习近平总书记来到安徽合肥,在中国科学技术大学与知识分子、劳动模范、青年代表座谈,再次强调了"人类是劳动创造的,社会是劳动创造的"观点。

总之,劳动创造世界,劳动开创未来。社会主义是干出来的,新时代是奋斗出来的。不干,半点马克思主义也没有。离开劳动,人类将失去推动世界发展进程的力量,甚至造成人的精神的蜕变,人类的一切梦想,将沦为镜花水月。基于历史的视角,正是劳动开启了人类创造世界的大门,在通往人类梦想的道路上,只有劳动,才能让人类梦想之花绚丽绽放。

(二)劳动价值论

劳动作为社会一切物质财富和精神财富的源泉,在人类生存和发展中具有根本作用。从新时代劳动观的价值维度考察,劳动具有价值创造和价值引领的双重特质:一方面,劳动创造了物质财富,是价值创造的源泉;另一方面,劳动也创造了精神财富,具有价值引领的功能,劳模精神、劳动精神、工匠精神标定了新时代劳动者奋斗的精神坐标。

习近平总书记礼赞劳动的价值,"人世间的一切幸福都需要靠辛勤的劳动来创造","全面建成小康社会,进而建成富强民主文明和谐的社会主义现代化国家,根本上靠劳动、靠劳动者创造",反复强调"人世间的美好梦想,只有通过诚实劳动才能实现"。

习近平总书记十分重视劳动的价值引领作用,围绕崇尚劳动、热爱劳动,充分发挥劳模示范引领作用发表重要讲话,勉励劳动模范和广大劳动者,礼赞劳动创造,讴歌劳模精神、劳动精神、工匠精神。习近平总书记指出:"在长期实践中,我们培育形成了爱岗敬业、争创一流、艰苦奋斗、勇于创新、淡泊名利、甘于奉献的劳模精神,崇尚劳动、热爱劳动、辛勤劳动、诚实劳动的劳动精神,执着专注、精益求精、一丝不苟、追求卓越的工匠精神。劳模精神、劳动精神、工匠精神是以爱国主义为核心的民族精神和以改革创新为核心的时代精神的生动体现,是鼓舞全党全国各族人民风雨无阻、勇敢前进的强大精神动力。"

总之,习近平总书记对劳动者的礼赞,对劳动模范和大国工匠的褒奖,对劳动价值的充分肯定,进一步发展了马克思主义劳动价值观,具有重大的政治感召意义、理论指引意义、实践导向意义。全面建成社会主义现代化强国,根本上靠劳动、靠劳动者的创造,要让劳动光荣、创造伟大成为铿锵的时代强音,让劳模精神、劳动精神、工匠精神在实现中华民族伟大复兴中国梦的征程中熠熠生辉。

(三) 劳动正义论

劳动在实现人类社会公平正义的进程中始终扮演着重要角色,发挥着举足轻重的作用,是人类通往正义之路的必然选择。从新时代劳动观的正义维度来考察,没有分配正义,就没有劳动正义;没有劳动正义,就没有社会正义。共建共享劳动成果、实现人民共同富裕,是自古以来我国劳动人民的一个基本理想,也是中国特色社会主义的本质属性和必然要求。

党的十八大以来,习近平围绕尊重劳动和劳动者、追求公平就业、共享劳动成果、实现社会保障全覆盖以及构建和谐劳动关系等方面发表了一系列重要讲话。强调"无论时代条件如何变化,我们始终都要崇尚劳动、尊重劳动者,始终重视发挥工人阶级和广大劳动群众的主力军作用";强调"要坚持就业优先战略和积极就业政策,实现更高质量和更充分就业";强调坚持按劳分配为主体、多种分配方式并存,坚持多劳多得,着重保护劳动所得,增加劳动者特别是一线劳动者劳动报酬,提高劳动报酬在初次分配中的比重,在经济增长中实现居民收入同步增长,在劳动生产率提高的同时实现劳动报酬同步提高;强调不断解放和发展生产力,努力解决群众的生产生活困难,坚定不移走共同富裕的道路;强调巩固和完善社会保障体系,健全覆盖全民、统筹城乡、公平统一、可持续的多层次社会保障体系,为全体人民提供生活和生产的基础性社会保障;强调有效预防和化解劳动关系矛盾,建立规范有序、公正合理、互利共赢、和谐稳定的劳动关系,依法维护职工基本权益。

总之,劳动是社会必须围绕其旋转的"太阳"。马克思说:"只要社会还没有围绕着劳动这个太阳旋转,它就绝不可能达到均衡。"资本主义及其他阶级社会之所以不和谐,就在于颠倒了劳动与社会的关系。我们提出构建社会主义和谐社会,实现共同富裕,把人民群众对美好生活的向往作为党的奋斗目标,就是要正本清源,把颠倒了的劳动与社会的关系调整过来。

(四) 劳动幸福论

劳动是实现美好生活、创造幸福的源泉。实现幸福劳动,是劳动本质属性的体现、我国经济社会发展的必然、中国共产党人使命的驱使、未来劳动世界的目标。幸福劳动思想在新时代劳动观的思想谱系中居于关键地位，深刻揭示了劳动与幸福之间的关系，关乎人类幸福的复归。把劳动与成功、幸福联系起来，进一步丰富了马克思主义劳动范畴，直接指向共产主义的终极美好。

幸福是一个总体性范畴，它意味着人总体上生活得美好。家庭和睦、职业成功、行为正当、人格完善等都是幸福的重要因素。幸福总是相对的，不是尽善尽美的，不同的人有不同的幸福标准。追求幸福的过程就是不满足于现状、不断追求和创造更美好生活的过程。幸福不是毛毛雨，幸福不是免费午餐，幸福不会从天而降，幸福都是努力奋斗的结果。人世间的一切幸福都需要靠辛勤的劳动来创造。幸福的真谛在于奋斗，在于追求幸福、赢得幸福。人们在热爱劳动、勤奋工作、追求卓越中创造价值、积累财富、实现梦想、收获乐趣，这本身就是一种无与伦比的幸福。习近平总书记指出，"幸福都是奋斗出来的"，"奋斗本身就是一种幸福。只有奋斗的人生才称得上幸福的人生"，"奋斗者是精神最为富足的人，也是最懂得幸福、最享受幸福的人"。

总之，为幸福而奋斗，在劳动中谋幸福，是创建幸福劳动的逻辑支点。劳动是通往美好生活的必由之路。"光荣属于劳动者，幸福属于劳动者。"正如马克思所讲："历史承认那些为共同目标劳动因而自己变得高尚的人是伟大人物；经验赞美那些为大多数人带来幸福的人是最幸福的人。"

【拓展阅读】

劳动幸福

李大钊对劳动幸福含义的界定是"人生求乐的方法，最好莫过于尊重劳动。一切乐境，都可由劳动得来，一切苦境，都可由劳动解脱。劳动的人，自然没有苦境跟着他"。没有苦境的人，自然就离幸福更近了些，而这种没有痛苦的生活从某种意义上说，就是一种幸福。而且，李大钊提倡的是劳动创造幸福，强调的是一种积极健康的生活方式。怎样的健康向上？李大钊从物质生活和精神生活两方面进行了论证。

从物质角度看，李大钊肯定了劳动对物质生活的创造价值，也就是突出强调了劳动对改造生活的积极性、能动性的能力。他说："劳动为一切物质的富源。一切物品，都是劳动的结果。"在这里，李大钊直截了当地阐明了劳动对创造物质财富的积极作用，肯定了劳动对幸福生活的物质贡献以及劳动自身所蕴藏的财富价值。而这正是一种依靠积极的劳动来创造幸福生活的健康价值观念，是一种乐观向上的生活态度。当然，幸福的生活不仅是物质的富裕，财富只是具备了幸福生活的必要条件，精神生活的快乐才是属于人的真正幸福。

从精神角度来说，健康、积极的劳动幸福态度应该是相信"劳动中有无限的快乐"，通过身体的劳动获得精神的愉悦体验，正像李大钊所说的："精神的方面，一切苦恼，也可以拿劳动去排除他，解脱他。"这就是一种一张一弛的快乐劳动的生活态度，是一种健康积极的劳动观，所以，很显然，劳动对精神生活的愉悦是积极有益的。相反，那些视劳动为低贱的、痛苦的封建观念，却因整日无所事事而精神空虚，因没有劳动的身体愉悦而懒病作怪，以致最后精神萎靡寡欢。可以说，劳动对物质生活和精神生活两方面都是具有积极、健康的良性价值导向的，都是促进人自身获得更大幸福收获的娱乐活动。

（资料来源：李大钊著，高瑞泉编选.向着新的理想社会——李大钊文选.上海：上海远东出版社，1995.整理改写）

（五）劳动教育论

劳动教育是立德树人的底层逻辑。在培养全面发展的社会主义建设者和接班人的教育体系中，劳动教育既有树德、增智、强体、育美的综合育人价值，又有其他四育不可替代的独特价值。与"德智体美"通过个人的持续努力就能实现境界的提升有所不同，在劳动的世界中，每个人将成为社会分工体系中的一员，需要与他人在分工协作中完成相应的劳动任务，分享劳动成果。因此，劳动教育是培养团队精神、集体主义精神和公民责任意识的最基础、最有效的途径。

习近平总书记高度重视劳动教育，多次强调：劳动者的素质对一个国家、一个民族的发展至关重要，"要通过各种措施和方式，教育引导广大青少年牢固树立热爱劳动的思想、牢固养成热爱劳动的习惯，为祖国发展培养一代又一代勤于劳动、善于劳动的高素质劳动者"，"要在学生中弘扬劳动精神，教育引导学生崇尚劳动、尊重劳动，懂得劳动最光荣、劳动最崇高、劳动最伟大、劳动最美丽的道理，长大后能够辛勤劳动、诚实劳动、创造性劳动"，"要开展以劳动创造幸福为主题的宣传教育，把劳动教育纳入人才培养全过程，贯通大中小学各学段和家庭、学校、社会各方面，教育引导青少年树立以辛勤劳动为荣、以好逸恶劳为耻的劳动观，培养一代又一代热爱劳动、勤于劳动、善于劳动的高素质劳动者"。

2022年3月30日，在参加首都义务植树活动时，习近平总书记一边劳动一边叮嘱孩子们要德智体美劳全面发展，不能忽视"劳"的作用，要从小培养劳动意识、环保意识、节约意识，勿以善小而不为，从一点一滴做起，努力成长为党和人民需要的有用人才。

总之，新时代加强劳动教育，是党和政府站在"如何培养人""为谁培养人""培养什么样的人"的高度上，对社会主义教育方针、教育目标的完善和重构。我们要从事关立德树人、事关强国富民、事关治国理政的高度深刻理解新时代加强劳动教育的重大意义，树立正确的劳动价值观，崇尚劳动、尊重劳动，增强对劳动人民的感情，发展创新意识，提升实践能力和社会责任感，努力成长为爱劳动、会劳动、懂劳动的时代新人。

【拓展阅读】陶行知教育理念——行是知之始，知是行之成

课后思考

1. 谈谈什么是劳动？劳动的含义是什么？

2. 劳动可以分为哪些类型？各有什么特点？

3. 谈谈劳动在人类的发展历史上是如何变迁的？

4. 请举例说明，中华民族产生了哪些伟大的劳动成果？

5. 想一想，有了机器人和人工智能，人类还需要劳动吗？

第二章　劳动教育

学习目标

1. 理解劳动与教育相结合的理论基础与历史沿革。
2. 掌握劳动教育在不同历史阶段的特点。
3. 认识新时代劳动教育的价值与意义。
4. 掌握劳动教育在德、智、体、美全面发展中的作用。
5. 提升个人劳动素养与实践能力。

知识图谱

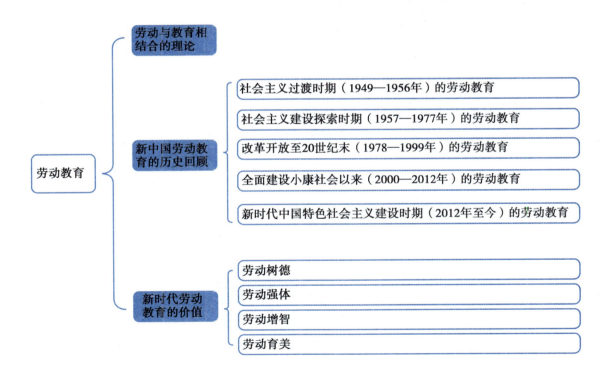

第一节　劳动与教育相结合的理论

劳动与教育相结合是马克思主义劳动观中国化的理论成果之一。早在《共产党宣言》中，马克思和恩格斯就明确提出"把教育同物质生产结合起来"的思想。后来，马克思在指出教育与生产劳动相结合对社会进步和人的发展有重大意义时说："生产劳动同智育和体育相结合，它不仅是提高社会生产的一种方法，而且是造就全面发展的人的唯一方法。"他还说："生产劳动和教育的早期结合是改造现代社会的最强有力的手段之一。"马克思和恩格斯认为，教育为人的全面发展创造了条件。"教育将使年轻人能够很快熟悉整个生产系统，将使他们能够根据社会需要或者他们自己的爱好，轮流从一个生产部门转到另一个生产部门。因此，教育将使他们摆脱现在这种分工给每个人造成的片面性。"

中国共产党人深刻认识到，劳动要真正深入到群众中去，必须从教育入手，把劳动和教育充分结合起来，这也成为劳动教育的重要渊源。毛泽东指出："几千年来，都是教育脱离劳动，现在要教育与劳动相结合，这是一个基本原则。"在我国第二次国内革命战争期间，苏区政府制定并颁布的一系列教育法令就是要扫除那种"读书"同生产脱离的寄生虫式的教育制度的残余，要使学校教育同生产劳动密切地联系起来。在抗日战争时期，面对缺米断粮的严峻形势，毛泽东提出了"自己动手，丰衣足食"，开展自主劳动、大生产运动。为了提高军队干部教育水平，提倡"一面生产，一面学习"，建立半工半读的抗日军政大学。中华人民共和国成立后，学生看不到农作物生长，看不到农民劳作的辛苦，也不知道商品之间流通交换的规律，当时的教育具有极大的弊端，不利于学生身心发展。于是，毛泽东鼓励学生要在课堂学习之余参加劳动，理科生去工厂，文科生进入社会。

邓小平强调劳动教育在促进青少年发展中的作用。1978年4月，他在全国教育工作会议上发表讲话："我们必须认真研究在新的条件下，如何更好地贯彻教育与生产劳动相结合的方针。马克思、恩格斯、列宁和毛泽东同志都非常重视教育与生产劳动的结合,认为在资本主义社会里这是改造社会的最强有力的手段之一;在无产阶级取得政权之后,这是培养理论与实际结合、学用一致、全面发展的新人的根本途径,是逐步消灭脑力劳动和体力劳动差别的重要措施。"

江泽民提出教育与社会实践相结合的观点。1994年6月,他在全国教育工作会议上强调指出:"我要特别讲一下教育与生产劳动相结合的问题……事实证明,如果只是让学生关起门来读书,不参加劳动,不接触社会实践,不了解工人农民是怎样辛勤创造社会财富的,不培养对劳动人民的感情,是不利于他们健康成长和全面发展的。学生适当参加一些物质生产劳动,应该成为一门必修课,不是可有可无,这一点务必充分认识和高度重视。"胡锦涛提出"以辛勤劳动为荣,以好逸恶劳为耻",使热爱劳动、勤奋劳动、尊重劳动蔚然成风,形成劳动光荣、知识崇高、人才宝贵、创造伟大的时代新风。

【拓展阅读】半耕半读,劳动与读书并列

第二节　新中国劳动教育的历史回顾

一、社会主义过渡时期(1949—1956年)的劳动教育

社会主义过渡时期是指1949年新中国成立到1956年社会主义改造完成,是新民主主义社会向社会主义社会过渡的时期。这一段时期的劳动教育延续了中华人民共和国成立前夕的"爱劳动"是国民五项公德之一的思想,特别注重劳动的公德教育内容。徐特立特别提出"不劳动者不得食"和"给劳动者以劳动权"这两个观点。1950年,时任教育部副部长钱俊瑞把劳动教育作为贯彻"教育为生产建设服务"方针的重要内容,在《当前教育建设的方针》中明确指出:"为二农服务,为生产建设服务,这就是当前实行新民主主义教育的中心方针。"可见,"教育与生产劳动相结合"在当时还没有成为我国教育的基本方针。

1950年以后,教育部颁布的《关于实施高等学校课程改革的决定》《中学暂行教学计划(草案)》《中等学校暂行校历(草案)的命令》《中学暂行规程(草案)》《小学(四二制)教学计划(草案)》《小学暂行规程(草案)》等一系列

文件中,劳动教育没有被列入正式的教学计划,是以专业实习和文化补习的形式存在的。

到了1953年,国家各项事业恢复与发展,中小学毕业生明显增多,有些地区的毕业生不能如愿升学。对此,中共中央转发中央教育部党组《关于解决高小和初中毕业生学习与从事生产劳动问题的请示报告》的批语写道:"目前中、小学毕业生之所以普遍发生紧张的升学问题,主要由于过去几年中央教育部对中、小学教育的指导思想上有忽视劳动教育的偏向,在教学改革中,在教师思想改造中,都没有着重批判鄙视体力劳动和体力劳动者的剥削阶级的教育思想,也没有向广大群众和学生明确地阐明中、小学教育的性质与任务,使旧中国遗留下来的鄙视体力劳动和体力劳动者的错误的教育思想,继续支配着广大教师和学生,这是中、小学教育方针上一个带原则性的错误,中央教育部应在这方面进行公开的自我批评。"这个文件一下发,教育部、宣传部、团中央就组织了多样化的劳动教育活动。

经过两年的劳动教育,到1955年,教育部发布的《关于初中和高小毕业生从事生产劳动的宣传教育工作报告》指出:"过去一年,很多学校采取参观工厂、农场、农业生产合作社,访问劳动模范,请劳动英雄作报告,和劳动青年联欢,阅读有劳动教育意义的读物,参加体力劳动活动等方式在课外对学生进行劳动教育,收到了很好的效果。但是在通过课堂教学经常地进行劳动教育就做得较差。今后,除应注意课外的劳动教育外,必须学会在课堂教学中贯彻劳动教育,并且还要善于使两者结合起来进行。再有,一般学校进行劳动教育,都着重在思想方面,这当然是很重要的;但是对工农业生产的基础知识的教育是注意很差的。今后进行劳动教育,除注意培养劳动观点和劳动习惯外,还应注意进行综合技术教育,使学生从理论上和实践上懂得一些工农业生产的基础知识。"此后,生产技术教育开始成为劳动教育的重要内容,写进了文件中。1956年教育部制发的《1956—1957学年度中学授课时数表》和《关于普通学校实施基本生产技术教育的指示(草案)》对生产技术教育每周上课的时间、具体要求都做了明确的规定。

这段时期中,1953—1956年是我国对农业、手工业和资本主义工商业进行社会主义改造的时期,实现生产资料私有制向社会主义公有制转变,也称为"三大改造时期"。前文提到1953年中小学生毕业后的升学压力大,国家结合工农业发展形势实施劳动教育,特别注重生产技术教育,但总体效果并不理想。一方面,面对升学无望、最终还要回乡劳动的前途,很多中小学生家长选择了让孩子辍学。根据河北、辽宁等12个省份的报告,1956年初,中学生辍学人数在10%上下,有些学校辍学人数甚至占到了在校生总数的50%以上。可见,轻视体力劳动的社会思想在当时并未真正改变,当接受学校教育无法改变从事体力劳动的命运时,很多人还是选择了辍学。另一方面,就劳动技术教育而言,当时虽然搭建了非常理想的劳动技术教育体系,但也因超出了大多数学校的教学条件而无法真正实施。

新民主主义向社会主义过渡时期的劳动教育没有正式列入教学计划,但是有一些课时和内容的教育要求,内容主要是生产技术教育。这与当时的社会发展形势和目标是相一致的。

二、社会主义建设探索时期(1957—1977年)的劳动教育

1956年,我国开始进入全面社会主义建设时期,教育事业的发展极为迅速。据统计,1956年,小学生达6346.6万人,是1949年的2.6倍;初中生达438.1万人,是1949年的5.3倍;高中生为78.4万人,是1949年的3.8倍;中等技术学校学生为53.9万人,是1949年的7倍;大学生为40.3万人,是1949年的3.5倍。此时,国家经济财力已无法支持教育规模的不断扩张,大量中小学毕业生无法升学而必须走向劳动就业,教育供给和需求之间悬殊巨大,成为人民内部矛盾在教育领域的一个突出体现。为此,1957年毛泽东同志在《关于正确处理人民内部矛盾的问题》中明确提出:"我们的教育方针,应该使受教育者在德育、智育、体育几方面都得到发展,成为有社会主义觉悟的有文化的劳动者",确立了培养劳动者的教育目标。1958年中共中央、国务院颁布的《关于教育工作的指示》提出"两个必须"的教育方针,即党的教育工作方针是,教育为无产阶级的政治服务,教育与生产劳动相结合。从1957—1966年教育部、宣传部颁发的一系列关于劳动教育的文件以及毛泽

东、刘少奇等国家领导人关于教育工作的一系列讲话中可以看出,当时的劳动教育在理念层面表现出如下特点。

(一)把劳动教育视为阶级斗争的工具

1958年6月,时任教育部部长的陆定一在全国教育工作会议上的讲话中强调,"教育与劳动结合,是教育革命的主要内容之一"。同年8月,陆定一又发表了经毛泽东同志审定的《教育必须与生产劳动相结合》一文,将是否坚持"教育与生产劳动相结合"视为教育战线上资本主义和社会主义两条路线斗争的表现。他认为,在社会主义国家中,资产阶级分子不敢明目张胆地反对党的领导,但会虚伪地主张"为教育而教育,劳心与劳力分离,教育由专家领导",鼓吹"教育就是读书,读书愈多的人就愈有知识,有书本知识的人就高人一等。至于生产劳动,尤其是体力劳动和体力劳动者,那是下贱的",以此来毒害青年学生。因此,中国共产党必须旗帜鲜明地坚持"教育为工人阶级的政治服务,教育与生产劳动相结合;为了实现这个方针,教育必须由共产党领导"。可见,劳动教育在当时主要是作为消除体脑分工、进行阶级改造的政治手段而备受重视。

(二)把劳动教育作为解决教育经费问题的手段

1957年,刘少奇同志就中小学生升学难问题进行全国调查,发现很多家庭无力负担子女上学,由此萌生了提倡勤工俭学、开展课余劳动的想法,并将此视为"解决学生学习费用困难和普及教育的一个重要途径"。1958年1月,《人民日报》发表社论《两个好榜样》,倡导为节约国家开支、保证学生的生活需要,"最好的办法就是提倡勤工俭学,使学生以自己的劳动收入解决自己全部或一部分学习和生活的费用"。此后不久,共青团中央发出了《关于在学生中提倡勤工俭学的决定》,时任教育部副部长董纯才也做了《加强思想教育、劳动教育,提倡群众办学、勤俭办学》的教育工作报告,这样,劳动教育被确定为勤俭办学、勤俭建国,多快好省建设社会主义的重要途径。

(三)把劳动教育视为解决理论脱离实际问题的根本方式

早在1942年中央党校开学典礼上,毛泽东同志就强调世上"有两种不完全的知识,一种是现成书本上的知识,一种是偏于感性和局部的知识,这二者都有片面性。只有使二者互相结合,才会产生好的比较完全的知识",并强调"真正的理论在世界上只有一种,就是从客观实际抽出来又在客观实际中得到了证明的理论"。1965年,在杭州会议上,毛泽东更是言辞激烈地批评了学校教育理论脱离实际的问题。他说:"现在这种教育制度,我很怀疑。从小学到大学,一共十六七年,二十多年看不见稻、粱、菽、麦、黍、稷,看不见工人怎样做工,看不见农民怎样种田,看不见商品是怎样交换的,身体也搞坏了,真是害死人。"在毛泽东这一思想指导下,劳动教育被视为"贯彻用手与用脑、学习与劳动、生产与教育、理论与实际密切结合的原则"的正确道路;是让学生获得比较完全的知识,成为全面发展的人、又红又专的人、工人化的知识分子、知识分子化的工人的唯一方法。

显然,1957—1966年,劳动教育的政治意义、经济意义和认识论意义都被提升到前所未有的高度,在实践中也开始以一种前所未有的姿态强势推进。1958年,《关于教育工作的指示》提出:"在一切学校中,必须把生产劳动列为正式课程。每个学生必须依照规定参加一定时间的劳动。"特别是1958年以后,学校办工厂、工厂办学校,勤工俭学、半工半读,边学习、边劳动,劳动人民知识化、知识分子劳动化,成为席卷全国的热潮。应该说,根据当时中国国情,适度推动勤工俭学、半工半读,适当组织学生参加生产劳动,接受教育和锻炼,并形成一定的制度,是完全必要的。但在"大跃进"的极"左"思潮下,勤工俭学、半工半读的劳动教育很快就变成了一种狂热,甚至将勤工俭学异化为勤工"减"学,"工"即"学",以劳代学了。

三、改革开放至20世纪末(1978—1999年)的劳动教育

党的十一届三中全会后,伴随着全党工作重心的战略转移,教育战线对新时期脑力劳动与体力劳动的关系、教育与生产劳动的结合、劳动教育在全面发展教育中的地位等问题进行了深入的讨论。

(一)恢复教育与劳动结合的本义

在马克思主义理论的原初意义上,教劳结合指的是"现代学校教育和教

学同现代机器大工业的生产劳动相结合",“通过这样的教育和结合,不仅能使受教育者掌握现代社会所必需的基本的综合技术素养,而且能使他们的精神情操受到陶冶,在知识和技能方面得到充实和提高,从而促进人的智力和体力的和谐发展",所以,“现代教育同现代生产的结合,是提高社会生产的必然途径;同时,也是造就全面发展的人的根本方法"。但在中华人民共和国成立后的二三十年间,中国经济生产方式仍以体力劳动和手工劳动为主,在这种情况下,如果生硬推行教劳结合、体脑结合,必然会冲击或拉低现代生产知识和技术教育的水平。因此,改革开放以后,党中央致力于重塑“尊重知识、尊重人才"的社会风气。

1981年6月,中国共产党第十一届中央委员会第六次全体会议通过《关于建国以来党的若干历史问题的决议》,明确提出要“坚持德智体全面发展、又红又专、知识分子与工人农民相结合、脑力劳动与体力劳动相结合的教育方针"。可见,随着“以经济建设为中心"基本路线的确立,党的教育方针也作出了相应的调整。在新方针的表述中,去掉了“必须为无产阶级政治服务"的说法,并用“知识分子与工人农民相结合、脑力劳动与体力劳动相结合"取代了以往“必须与生产劳动相结合"的提法。

(二)是否以及如何坚持教育与劳动的结合

1978年4月,邓小平同志在全国教育工作会议上的讲话中指出,“为了培养社会主义建设需要合格的人才,我们必须认真研究在新的条件下,如何更好地贯彻教育与生产劳动相结合的方针",“要做到这一点,各级各类学校对学生参加什么样的劳动,怎样下厂下乡,花多少时间,怎样同教学密切结合,都要有恰当的安排。更重要的是整个教育事业必须同国民经济发展的要求相适应"。“我们的国民经济是有计划按比例发展的,我们培养训练专门家和劳动后备军,也应该有与之相适应的周密的计划。"显然,在邓小平看来,新时期坚持教育与生产劳动相结合主要不是学校教育内部加强劳动教育的问题,而是宏观层面上整个教育事业必须与国民经济发展相适应。

同时,伴随教育上的拨乱反正,学术界也展开了对“两个必须"教育方针的质疑。萧宗六、潘益大等学者认为“两个必须"的教育方针“带有浓厚的阶级斗争色彩,基本上是以阶级斗争为纲的产物",“没有反映教育工作内在的固有规律,没有反映教育与生产力、与现代化建设的关系",所以,需要修改、完善或更新。这一意见反映在1985年中共中央发布的《关于教育体制改革的决定》中,“教育必须为社会主义建设服务"的说法正式取代了“教育必须为无产阶级政治服务"的说法,成为我国教育方针的基本构成要素。同时,在1983—1989年的中央文件和重要领导人讲话中也很少见到“教育必须与生产劳动相结合"的说法,常见的表述是“脑力劳动和体力劳动相结合、知识分子与工农群众相结合"。直到1993年《中国教育改革和发展纲要》才再次确定了教育与生产劳动相结合的说法,明确将我国的教育方针表述为“教育必须为社会主义现代化建设服务,必须与生产劳动相结合,培养德、智、体全面发展的建设者和接班人"。

（三）劳动教育被表述为全面发展教育的组成部分

1986年,时任国务院副总理兼国家教育委员会主任李鹏在第六届全国人民代表大会第四次会议上做了“关于《中华人民共和国义务教育法(草案)》的说明",在贯彻党的教育方针方面提出“应当贯彻德、智、体、美全面发展的方针,适当进行劳动教育,使青少年儿童受到比较全面的基础教育"。这里将劳动教育作为比较全面的基础教育中的一部分被提了出来。同年10月,时任国家教委副主任彭珮云明确提出“把德育作为德、智、体、美、劳五育全面发展的一个有机组成部分,使五育互相配合、互相渗透",形成了“五育全面发展"教育思想。此后,国家教委颁发的一系列文件均出现过五育并举的表述。但1993年《中国教育改革和发展纲要》颁发以后,五育并举的表述开始统一为“培养德、智、体全面发展的社会主义建设者和接班人",1995年颁发的《中华人民共和国教育法》则正式确定为“培养德、智、体等方面全面发展的社会主义事业的建设者和接班人"。

对“五育"变“三育"的原因,时任国务院副总理李岚清曾这样解释:“政治局讨论这个问题时认为,德、智、体全面发展的方针是属于我们党的重大方针,已坚持多年,在实践中证明是正确的,行之有效的,已为教育界,甚至全党全民普遍熟悉和认同,应该一以贯之。然而,这绝不意味着可以忽视美育和劳育。德育的范围很广,应该包括美育,劳育也应当包括在德育和体育里面。""因为,除德、智、体、美、劳,还有其他的……但这些内容都可以归到德、智、体里面去,是广义的德、智、体。"基于这些考虑,20世纪90年代后,中央倾向于将劳动教育视为包含在广义的德育、智育和体育之内的要素,否定了其独立提出的必要性,从而恢复了德、智、体全面发展的传统说法。

在劳动教育实践方面,劳动技能素质作为素质教育的四大要素受到空前重视。1982年教育部印发《关于普通中学开设劳动技术教育课的试行意见》中明确指出,"劳动技术教育是中学教育不可缺少的组成部分",并规定"中等劳动技术教育课,初中每学年2周,每天按4课时安排,三年共计144课时;高中每学年4周,每天按6课时安排",三年制的共计432课时,二年制的共计288课时。另外,文件还规定,要建立劳动技术教育课的考勤、考核制度,要求"每个学生都要写劳动小结,学校应建立劳动档案。学年末要根据学生的劳动态度、劳动纪律及掌握知识和技能的情况评定成绩。成绩可分为优、良、及格、不及格四等,计入学生成绩册。劳动态度和表现应作为学生操行评语的重要内容之一。劳动态度和表现不好的学生不能评选为三好学生"。这是新中国成立以来国家教育文件中首次提出的劳动教育考核标准与要求。1987年以后原国家教委又先后颁发了《全日制普通中学劳动技术课教学大纲(试行稿)》《全日制小学劳动课教学大纲(试行草案)》《关于进一步加强中小学德育工作的几点意见》,均强调学生参加劳动和社会实践的时间应被纳入教学计划中,要不断制度化、规范化。1998年,教育部办公厅出台《关于加强普通中学劳动技术教育管理的若干意见》,在明确中学劳动技术教育的组织领导责任和师资队伍建设要求的同时,明确要求"各级教育督导部门,在进行教育督导评估时,要把劳动技术教育纳入督导评估内容的指标体系","把是否开设劳动技术课,是否重视劳动技术教育,作为评选教育先进单位和先进学校的重要内容之一;并作为考核教育部门、学校、领导干部的重要内容之一"。鉴于此,有研究者指出,从20世纪80年代到新一轮基础教育课程改革以前,劳动教育在课程地位、学科地位上是'登堂入室'的,有课程课时保证,传授系统的劳动知识、技能、情感、态度、价值观,体现了党和国家教育方针的要求。

但从实际效果看,1986年全国中学劳动技术教育工作座谈会上客观指出:"从全国范围看,开设这门课的情况还很不平衡。目前,约有半数,甚至更多的学校没有开设劳动技术课。一些教育行政部门还没有把这门课列入议事日程,重视不够,领导不力。学校、社会对开设这门课的认识还有一定的差距。教学设备、场地、经费、师资严重不足。"会议还同时分析了出现上述问题的原因,"无论在教育界,还是在社会上片面追求升学率的现象严重地冲击了基础教育,使劳动技术课不能正常开设。由于劳动技术教育是一门新学科,又是一门综合性很强的学科,对场地、设备、师资的条件提出了不同于其他学科的新的要求,社会、家长、教师和学生对其重要性的认识还有待进一步提高"。可见,20世纪80年代以后,尽管党中央在理念上对劳动教育的方针定位进行了慎重的调整,在实践中加强了劳动教育的系统化建构,加大了推进的力度,但受各种内外部因素影响,劳动教育的实践效果并不理想。

四、全面建设小康社会以来(2000—2012年)的劳动教育

从21世纪开始,我国已进入了全面建设小康社会,加快推进社会主义现代化的新的发展阶段。党中央站在新的历史高度重新诠释了新时期劳动的内涵。一方面,劳动的创造价值高度彰显,劳动光荣、创造伟大成为时代强音。面对知识经济的来临、信息时代的到来,江泽民同志在党的十六大报告中深刻指出:"创新是一个民族进步的灵魂,是一个国家兴旺发达的不竭动力,也是一个政党永葆生机的源泉",并将"尊重劳动、尊重知识、尊重人才、尊重创造"明确为党和国家的一项重大方针。从此以后,"四个尊重"写进了党的十七大、十八大报告,并在党的十九大以后写入新修订的《中国共产党章程》中。可以说,"四个尊重"是马克思主义"劳动创造一切"观点的延伸与发展,是邓小平"尊重知识、尊重人才"思想在新时代的进一步丰富与拓展。尊重创造,是尊重劳动的重要诉求,劳动贵在创造,没有创造,劳动只能是简单的重复;创造离不开劳动,没有劳动,创造只能是纸上谈兵。尊重劳动、尊

重创造,又离不开尊重知识、尊重人才。可见,尊重知识、尊重人才、尊重创造,与尊重劳动具有内在一致性,是现代社会尊重劳动的必然要求。

另一方面,对劳动者的人本关怀成为新时期中国共产党执政的重要价值取向。在党的十六大报告中,江泽民同志创造性地提出"有益劳动"的概念,明确"要尊重和保护一切有益于人民和社会的劳动","一切合法的劳动收入和合法的非劳动收入,都应该得到保护"。胡锦涛同志则在2010年全国劳动模范和先进工作者表彰大会上的讲话中重申了"劳动最光荣、劳动者最伟大"的思想,提出了"体面劳动"的概念,并在党的十七大、十八大报告中将改善民生作为社会建设的重点。

与新时期劳动的新内涵相适应,进入21世纪后,党的教育方针也作了相应的调整。1999年6月,江泽民同志在第三次全国教育工作会议上指出:"必须全面贯彻党的教育方针,坚持教育为社会主义、为人民服务,坚持教育与社会实践相结合,以提高国民素质为根本宗旨,以培养学生的创新精神和实践能力为重点,努力造就'有理想、有道德、有文化、有纪律'的德育、智育、体育、美育等全面发展的社会主义事业建设者和接班人。"根据江泽民此次讲话和2000年《关于教育问题的谈话》精神,2001年国务院发布的《关于基础教育改革与发展的决定》中,将"坚持教育必须为社会主义现代化建设服务,为人民服务,必须与生产劳动和社会实践相结合,培养德智体美等全面发展的社会主义事业建设者和接班人"作为新世纪基础教育改革与发展的基本方针。这一表述既继承了我国教育方针的原有表述,又融入了国家领导人新时期的新思想,成为全面建设小康社会时期我国教育方针的新表述,正式写入党的十六大报告和2015年12月27日修订发布的《中华人民共和国教育法》中。

新方针第一次将"为人民服务"纳入教育方针,充分体现了新时期我党"立党为公、执政为民"的人本理念。此外,新方针强调教育不仅要与生产劳动相结合,更要与社会实践相结合。"教育与生产劳动和社会实践相结合"是新时代"教育与生产劳动相结合"理念的进一步丰富和拓展。因为"社会实践更注重对知识的运用和创新。社会实践的过程就是对思想意识和知识的检验、运用和创新的过程"，而且社会实践的"含义更广更贴近时代和现实，在信息社会它不仅包括生产劳动、科学活动，同时还包括各种第三产业的社会活动"。所以，它更能体现新时期劳动实践的多样性和劳动创造的无限空间。

在劳动教育的实践形态上，伴随信息社会与知识经济的来临，劳动教育的技术之维更加凸显。在2001年启动的第八轮基础教育课程改革中，综合实践活动课作为劳动教育的新形式，成为从小学至高中的必修课，其内容主要包括：信息技术教育、研究性学习、社区服务与社会实践以及劳动与技术教育，强调学生通过实践，增强探究和创新意识，学习科学研究的方法，发展综合运用知识的能力。增进学校与社会的密切联系，培养学生的社会责任感。在课程的实施过程中，加强信息技术教育，培养学生利用信息技术的意识和能力。了解必要的通用技术和职业分工，形成初步技术能力。同时，要求在农村中学中"试行通过'绿色证书'教育及其他技术培训获得'双证'的做法。城市普通中学也要逐步开设职业技术课程"。从《基础教育课程改革实施纲要（试行）》的相关描述中可以看出，关注技术、强调实践、追求创新是新时期劳动教育新的实践导向。这与中央领导集体对新时期劳动创造价值的强调是一脉相承的。

进入21世纪以后，随着劳动时代内涵的不断丰富，劳动教育的外延也在不断拓展，从"教育与生产劳动相结合"拓展为"教育与生产劳动和社会实践相结合"，从劳动技术课拓展为包括信息技术、通用技术、生产技术、职业技术、社会服务与社会实践、研究性学习等内容庞杂的综合实践活动课。但这种外延的不断拓展也造成了劳动教育实质内涵日益模糊不清，并在实践中渐行渐远。多项研究表明，以综合实践活动取代劳动教育，实际上造成了劳动教育课程地位下降、课程目标不明、课时难以保障，课程设施与场地转作他用等问题。再加上，对综合实践活动这种全新课程形态本身缺乏深入研究，对其内部四大学习领域是什么关系、从小学到高中贯彻十二年的课程体系如何相互衔接等问题都缺乏深入思考与设计，直接造成了劳动教育在实际执行时无名分、无标准、无目标、无根基。

显然,对劳动者的人本关怀成为党越来越明确的执政理念,但这一时期劳动教育存在关注技术之维的同时忽视人本之维的嫌疑。实际上,随着社会的进步与发展,体力劳动者可以变得越来越有文化,生活越来越丰富多彩,劳动的技术含量、收入、社会地位越来越高,但体力劳动永远不可能完全消失。因此,教育广大青少年形成正确的劳动观,正确认识社会的劳动领域和劳动群体发展势态,由衷热爱与尊重体力劳动和体力劳动者,为建构一个所有"劳动者参与发展、分享发展成果的"公平正义的社会而奋斗,也应成为当代劳动教育的重要目的之一。

总体来看,虽然不同时期有不同的主题,但"劳动者""生产劳动""社会实践"这些概念一直在我国教育方针的表述中有所体现,但实际上,学校层面的劳动教育还是有所欠缺的。在马克思看来,生产劳动同智育和体育相结合,它不仅是提高社会生产的一种方法,还是造就全面发展的人的唯一方法。著名教育家陶行知也曾指出:"劳动教育的目的,在谋手脑相长,以增进自立之能力,获得事物之真知及了解劳动者之甘苦。"正是因为劳动在育人中发挥着塑造健全人格、磨炼顽强意志、锤炼高尚品格的重要作用,习近平总书记在全国高校思想政治工作会议上进一步强调,要强化实践育人,坚持教育同生产劳动和社会实践相结合,让广大青少年在投身实践、亲身参与中认识国情、了解社会,在增长才干和磨炼意志中感受劳动所带来的收获和乐趣,进而产生尊重劳动、热爱劳动的真挚情感。

五、新时代中国特色社会主义建设时期(2012年至今)的劳动教育

党的十八大以来,习近平总书记将"坚持社会公平正义,排除阻碍劳动者参与发展、分享发展成果的障碍,努力让劳动者实现体面劳动、全面发展"作为施政目标之一,将"人民日益增长的美好生活需要和不平衡不充分的发展之间的矛盾"视为中国特色社会主义进入新时代后我国社会的主要矛盾,强调"坚持以人民为中心的发展思想,不断促进人的全面发展、全体人民共同富裕"。伴随着中国特色社会主义进入新时代,以习近平同志为核心的党中央站在历史高度,立足中国国情和发展实际,在继承和发展马克思主义劳

动哲学的基础上，逐步形成了习近平新时代中国特色社会主义劳动理论体系，为实现"两个一百年"奋斗目标、中华民族伟大复兴提供了强大的理论支撑。

2012年，党的十八大报告提出："坚持教育为社会主义现代化建设服务、为人民服务，把立德树人作为教育的根本任务，培养德智体美全面发展的社会主义建设者和接班人。全面实施素质教育，深化教育领域综合改革，着力提高教育质量，培养学生社会责任感、创新精神、实践能力。"

2013—2016年的"五一"国际劳动节，习近平总书记连续四年发表系列重要讲话，就劳动、劳动者、劳模精神等内容进行了深刻阐述。党的十九大报告也提出了一系列与劳动密切相关的重要论断。习近平新时代中国特色社会主义思想在充分继承马克思主义思想的基础上，进一步发展了马克思主义劳动观，开创了新时代中国特色社会主义劳动理论的新境界。习近平新时代中国特色社会主义劳动理论回应了新时代的重大关切，包含了"实干兴邦"的劳动实践观、"民族复兴"的劳动发展观、"崇尚劳动"的劳动价值观、"热爱劳动"的劳动教育观等丰富内涵，成为推动党和人民事业发展的强大思想武器和具体行动指南。

2017年4月，中共中央、国务院印发了《新时期产业工人队伍建设改革方案》，应对中国制造转型升级需要一支高素质产业工人队伍。背景是在全球深度嬗变的激荡变局中，国际竞争日趋激烈。而一个国家发展能否在全球格局中抢占先机，赢得主动，国民素质特别是广大劳动者素质起着至关重要的决定性作用。人是生产力中最活跃最根本的要素，无论是"中国制造"，还是"中国创造"，乃至"中国智造"，都需要一支结构优化、素质过硬的产业工人队伍，需要大规模布局合理、技艺精湛的技能人才，更需要一大批精益求精、追求卓越的大国工匠。而当前我国劳动者素质状况不容乐观：我国拥有产业工人1.4亿人，仅占就业人员的20%，其中，技术工人7000万人。高级技术工人245万人，仅占技术工人总数3.5%，与发达国家高级技术工人40%的比例差距很大；工人技师100万人，仅占技术工人总数的1.4%，而发达国家的这一比例为20%；高级技师又有7万多人，仅占技术工人的0.1%。由此可见,我国掌握"高、精、尖"技术的工人比例严重偏低。从一定意义上讲,高素质技术工人短缺是我国制造业发展的瓶颈所在,远不能支撑我国优化现代产业体系的需要,直接导致了我国制造业尚处于大而不强的状态。基于这样的情势,习近平总书记提出:"要实施职工素质建设工程,推动建设宏大的知识型、技术型、创新型劳动者大军。我们一定要深入实施科教兴国战略、人才强国战略、创新驱动发展战略,把提高职工队伍整体素质作为一项战略任务抓紧抓好。"理念是行动的先导,因此,2017年4月,中共中央、国务院印发《新时期产业工人队伍建设改革方案》,针对影响产业工人队伍发展的突出问题,创新体制机制,提高产业工人素质,畅通发展通道,依法保障权益,努力造就一支有理想守信念、懂技术会创新、敢担当讲奉献的宏大的产业工人队伍。

2018年9月10日,习近平总书记在全国教育大会上提出了德、智、体、美、劳五育并举的人才培养新理念,为我国教育发展指明了方向。2020年,中共中央、国务院发布了《关于全面加强新时代大中小学劳动教育的意见》。2021年4月30日起实施的《中华人民共和国教育法》中第五条明确提出党的教育方针,即"教育必须为社会主义现代化建设服务、为人民服务,必须与生产劳动和社会实践相结合,培养德智体美劳全面发展的社会主义建设者和接班人"。

第三节　新时代劳动教育的价值

不论是解决生存问题,还是提高生活质量,抑或是实现个人价值,人类都可以通过劳动来实现,这便是劳动的价值所在。习近平总书记在全国教育大会上强调,把立德树人融入高校课堂、教育教学、实践教育各环节,明确把"劳动教育"与"德智体美"教育一起纳入"全面发展"的教育理论中,提出"培养德智体美劳全面发展的社会主义建设者和接班人"。这些重要论述表明劳动教育是立德树人的基本内容,是高校立身之本,生存之基。目前在德育、智育、体育、美育、劳育体系中,劳动教育仍是短板,加强劳动教育是培养有理想、有本领、有担当的社会主义建设者和接班人的客观要求,是高校全面贯彻党的教育方针,实现立德树人根本任务的现实需要。

一、劳动树德

大学生德育的内涵丰富而深远,它不仅仅指狭义的道德,更有崇高的理想信念、正确的政治方向、文明的行为习惯以及良好的心理素质,以及积极的人生观与价值观。德育在我国不同时期的侧重点也不同,极具时代性。《辞海》将劳动教育定义为:对学生进行热爱劳动和劳动人民、珍惜劳动成果、树立正确的劳动观点和劳动态度、通过日常生活培养劳动习惯和技能的教育活动。因此,劳动教育在大学生树德方面有重要作用。

(一)培养责任感和自律性

劳动需要承担一定的责任和任务,学生在参与劳动的过程中,会逐渐形成对自己行为的责任感。他们会意识到自己的行为不仅影响自己,还关系到整个团队或社会的利益。因此,学生会更加自律,努力完成任务,不辜负他人的信任和期望。

(二)培养吃苦耐劳和坚韧不拔的精神

劳动往往伴随着艰辛和困难,但正是这些困难和挑战,锻炼了学生的意志品质。在劳动中,学生需要付出努力和汗水,甚至需要面对失败和挫折。然而,正是这些经历,让学生培养了吃苦耐劳、坚韧不拔的精神。这种精神将伴随他们一生,成为他们面对未来挑战的重要支撑。

(三)强化尊重劳动和劳动者的观念

劳动是光荣的,劳动者是值得尊敬的。通过劳动教育,学生可以亲身体验到劳动的艰辛和价值,从而更加尊重各行各业的劳动者。他们会认识到,无论是脑力劳动者还是体力劳动者,都是社会不可或缺的组成部分,都值得我们尊重和感激。

（四）弘扬团结协作和互助友爱的精神

劳动往往需要团队协作和共同努力。在劳动中,学生需要与同伴沟通交流、分工合作、相互支持。这种团结协作的经历能够让学生感受到集体的力量和温暖,培养他们的互助友爱精神。同时,通过劳动中的合作与竞争,学生还能够学会尊重他人、理解他人、包容他人,形成更加和谐的人际关系。

（五）树立正确的价值观和人生观

劳动不仅是创造物质财富的过程,更是塑造人的精神世界的过程。通过劳动教育,学生可以深刻认识到劳动的价值和意义,从而树立正确的价值观和人生观。他们会明白,只有通过辛勤劳动才能创造美好生活;只有通过诚实守信、勤奋努力才能获得他人的尊重和认可。

二、劳动强体

苏霍姆林斯基认为,每一个人都离不开劳动,劳动有助于增强体质,让人拥有健康的体魄。劳动能改善睡眠,使人身强体壮。很多学生沉迷于电脑和手机游戏,长期保持同一不良姿势,导致骨骼和关节变形,视力下降。而劳动能使他们抬头远望,舒展身姿,有利于身体生长发育。乌申斯基认为,劳动不仅能给肉体带来健康,同时还能给心灵带来充实与宁静。

（一）劳动能锻炼身体机能

劳动过程中涉及的各种身体动作,如搬运、挖掘、推拉等,能够锻炼肌肉,提高力量。不同类型的劳动能针对性地锻炼不同的身体部位,比如上肢、下肢或核心肌群。

（二）劳动能提升心肺功能

研究表明,持续性的劳动可以提高心肺耐力,使个体在日常活动中更加轻松自如。劳动中的有氧运动能帮助改善心血管健康。

（三）劳动能培养协调性和平衡感

劳动中需要手眼协调和身体平衡技能,这些技能通过劳动可以得到锻炼和提升。比如园艺或手工艺,要求精细的动作控制和协调性,在劳动过程中便可以培养协调性和平衡感。

（四）劳动能改善体态和柔韧性

劳动过程中的伸展和弯曲动作能够帮助改善体态,并增加关节的灵活性。劳动后适当的拉伸运动可以帮助减少肌肉紧张和疲劳。

（五）劳动对身体健康的长期益处

规律性的劳动有助于预防肥胖、高血压、糖尿病等慢性疾病,劳动能促进新陈代谢,帮助身体排毒和保持健康。

【阅读拓展】"劳卫制"——中国的第一个体育制度

三、劳动增智

智育是指培养和发展学生智能的教育。培养学生的智能是通过有目的、有计划、有组织地向学生传授知识和技能,使学生掌握系统的文化科学知识,发展学生的观察能力、想象能力、思维能力、分析能力和创造能力等,为形成科学的世界观奠定基础。朱光潜曾说:"智育叫人研究学问,求知识,寻真理。"根据陶行知的手脑并用原则和皮亚杰的认知发展理论,劳动是促进大学生智力发展的基础。

（一）劳动有助于知识的增长

劳动教育可以使学生掌握与劳动相关的基础知识,如工具使用、材料识别、工艺流程等。这些知识不仅是劳动技能的基础,也是学生未来学习和生活的重要资源。劳动教育还可以与其他学科相结合,如数学、物理、化学等,使学生在实践中学习和运用这些学科知识,实现知识的融会贯通。

（二）劳动有助于促进思维发展

劳动过程中需要学生不断尝试、创新和改进,这种过程有助于激发学生的创造性思维。例如,在手工制作或科技发明中,学生需要运用想象力和创造力来设计出新颖的作品。劳动实践为学生提供了丰富的问题解决情境,他们需要面对各种挑战和困难,并努力找到解决问题的方法。这种过程有助于培养学生的问题解决能力和批判性思维。

(三) 劳动有助于提升实践技能

劳动实践直接锻炼了学生的动手操作能力,使他们能够熟练掌握各种劳动技能。这种能力不仅在日常生活中发挥作用,也为他们未来的职业发展打下基础。劳动实践还要求学生将所学知识应用于实践中,实现理论与实践的结合。这种综合应用能力的培养有助于学生更好地适应未来的学习和工作。

四、劳动育美

劳动育美是指通过劳动培养人们认识美、体验美、感受美、欣赏美和创造美的能力,从而使人们具有美的理想、美的情操、美的品格和美的素养。发展心理学的研究成果表明,早在婴儿期,儿童的审美心理就已经萌芽,在以后的遗传、环境和教育的交互作用下,儿童的审美心理逐步发展。作为青少年学生,由于生活经验不断积累、知识面逐步扩大,加上思维和想象力不断提高,情感世界不断丰富,这一阶段他们的审美、创美能力进一步增强,正是培养他们的审美素质和创美能力,促进身心和谐健康发展的关键阶段。

(一) 劳动是形成审美观念的基础

劳动实践是审美观念形成的基础。在劳动实践中,学生可以观察到工人的熟练操作、农民的辛勤耕耘、艺术家的精湛技艺等,这些都是美的表现。通过这些实践,学生可以逐渐形成对美的认知和判断标准,进而形成独有的审美观念。这种基于劳动实践形成的审美观念,赋予了学生想象力的翅膀,不仅能够让学生感受到劳动的魅力和价值,还能够激发学生对美好生活的向往和追求。

(二) 劳动是提高审美能力的途径

劳动教育将劳动与美学相结合,不仅能够传授给学生实用的劳动技能,还能够培养他们的审美能力和创造力。在劳动过程中,学生可以观察到工具的设计美、劳动动作的流畅美等,这些都能让他们体会到劳动不仅是一种付出,也是一种创造美的过程。此外,劳动教育还可以鼓励学生发挥创造力,尝试用不同的方法完成任务,或对劳动成果进行个性化的装饰和改进,从而培养学生的审美能力和创新意识。

劳动创造了美,劳动创造了美好生活。劳动本就是美德,劳动本身也是美的表现,劳动成果创造美。在参加劳动的过程中,不仅能获得知识技能,同时也能在劳动中广泛地接受美、感受美和体验美。加强劳动教育有助于我们亲身体验劳动之美,提升审美能力,培养审美情怀,从而实现以劳育美的目标。

课后思考

1. 结合新中国劳动教育的发展历程,谈谈你对"劳动与教育相结合是马克思主义劳动观的中国化理论成果之一"的理解。

2. 什么是劳动教育? 劳动教育的内容有哪些?

3. 结合自身实际,谈谈劳动教育在人的全面发展中起什么作用?

4. 举例说明劳动强体是如何做到的。

5. 结合专业学习,说说劳动增智是如何实现的。

第三章 劳动精神

学习目标

1. 理解劳动精神的含义与内涵。

2. 掌握劳模精神、劳动精神、工匠精神的核心要素。

3. 认识劳动精神的地域传承与文化特色。

4. 了解劳动精神在校园文化的传承与弘扬。

知识图谱

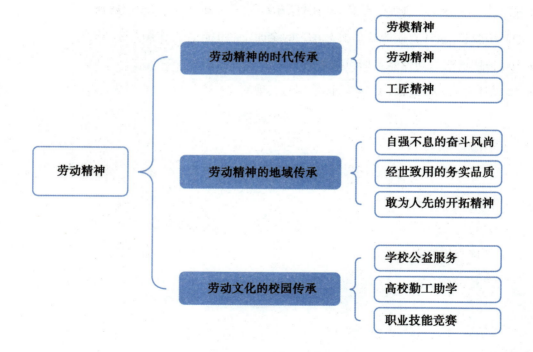

第一节　劳动精神的时代传承

2021年是中国共产党成立100周年。习近平总书记强调,一百年来,中国共产党弘扬伟大建党精神,在长期奋斗中构建起中国共产党人的精神谱系,锤炼出鲜明的政治品格。在中华人民共和国成立72周年之际,党中央批准了中央宣传部梳理的第一批纳入中国共产党人精神谱系的伟大精神,包括建党精神;井冈山精神、苏区精神、长征精神、遵义会议精神、延安精神、抗战精神、红岩精神、西柏坡精神、照金精神、东北抗联精神、南泥湾精神、太行精神(吕梁精神)、大别山精神、沂蒙精神、老区精神、张思德精神;抗美援朝精神、"两弹一星"精神、雷锋精神、焦裕禄精神、大庆精神(铁人精神)、红旗渠精神、北大荒精神、塞罕坝精神、"两路"精神、老西藏精神(孔繁森精神)、西迁精神、王杰精神;改革开放精神、特区精神、抗洪精神、抗击"非典"精神、抗震救灾精神、载人航天精神、劳模精神(劳动精神、工匠精神)、青藏铁路精神、女排精神;脱贫攻坚精神、抗疫精神、"三牛"精神、科学家精神、企业家精神、探月精神、新时代北斗精神、丝路精神。这些精神,集中彰显了中华民族和中国人民长期以来形成的伟大创造精神、伟大奋斗精神、伟大团结精神、伟大梦想精神,彰显了一代又一代中国共产党人"为有牺牲多壮志,敢教日月换新天"的奋斗精神。劳模精神、劳动精神、工匠精神成为中国共产党人的精神谱系的重要内容,是历史发展的必然,也是时代发展的需要。劳模精神、劳动精神、工匠精神是继承和发扬民族精神和时代精神的需要,是弘扬社会主义核心价值观的需要,是实现中华民族伟大复兴的需要,是建设高素质劳动者大军的需要。

一、劳模精神

【学习导读】

中国近代的劳模表彰制度发展

回顾历史,新中国的劳模选拔表彰制度的由来可以追溯到80多年前,也就是20世纪30年代苏维埃政权时期。1934年1月,毛泽东同志在第二次全国苏维埃代表大会上说:"提高劳动热忱,发展生产竞赛,奖励生产战线上的成绩昭著者,是提高生产的重要方法。"如果把"生产战线上的成绩昭著者"理解为后来意义上的"劳模",这就是我党关于劳模的最早论述。抗战时期,在陕甘宁边区,劳模表彰已成制度,数以百计的劳模涌现出来,劳动竞赛如火如荼。1943年陕甘宁边区劳模大会上,边区劳模孙万福用满是老茧的手紧握住毛泽东的手,激动地说:"还是制度好啊,种田的人都成模范!"

新中国成立以来的首届劳模大会于1950年9月25日至10月2日在北京举行,全国工农兵劳动模范代表参加会议,中央人民政府授予464人"全国劳动模范"称号。自1950年至2020年,中共中央、国务院先后召开了16次全国劳模表彰大会,累计表彰劳动模范和先进工作者3万余人次。每年对劳模的报道使王进喜、时传祥、孟泰、李顺达、申纪兰、王崇伦、华罗庚等一批又一批优秀劳动者的事迹跃然纸上。劳模,不仅仅是一个荣誉、一纸奖状,更是一个国家、一个社会对劳动价值、对劳动者价值的肯定。在改革开放和社会主义现代化建设新时期,江泽民同志指出,"劳动模范和先进工作者,是亿万劳动群众的杰出代表",认为"他们的思想和行动,体现了中国工人阶级的高贵品质",赞美"他们不愧为我们民族的精英、国家的脊梁、社会的中坚和人民的楷模"。

随着我国社会主义事业发展取得更多的新成就,我国除了评选和表彰劳动模范和先进工作者外,2016年1月,国家设立"共和国勋章",授予在中国特色社会主义建设和保卫国家中作出巨大贡献、建立卓越功勋的杰出人士,如袁隆平、屠呦呦、钟南山、孙家栋等。2018年开始评选"大国工匠年度人物",鼓励和表彰为国家作出突出贡献的工程师以及科学家,旨在推动国家科学技术进步,如高凤林、胡胜、胡双钱等。2021年6月,党中央设立了"七一勋章",是中国共产党党内的最高荣誉,如为党和人民作出杰出贡献的共产党员,立足本职、默默奉献的平凡英雄,如我们熟知的张桂梅、艾爱国等。设立的奖项蕴含时代气息和中国气质的劳动思想,为全社会见贤思齐、凝心聚力建设社会主义现代化强国注入了强大的动力和潜能。

（一）爱岗敬业

爱岗敬业是爱岗与敬业的总称。爱岗，就是热爱自己的工作岗位，热爱自己的本职工作。敬业，就是以极端负责的态度对待自己的工作。爱岗是敬业的前提，敬业是爱岗的升华。一个不爱岗的人做不到敬业；一个不敬业的人也做不到爱岗。只有脚踏实地、辛勤劳动，将爱岗与敬业有机结合在一起，才能在平凡岗位上作出不平凡的业绩。

1. 爱岗敬业就要热爱本职岗位

热爱自己的本职工作岗位，这是对人们工作态度的一种普遍要求。人生的大部分时间都是在工作中度过的，因此，工作岗位是实现人生价值的第一舞台。工作岗位没有高低贵贱之分，也没有价值大小之别，每个从业的劳动者，无论在哪个岗位、从事什么工作，都要热爱那份工作，珍惜自己的岗位。

2016年4月26日，习近平总书记在知识分子、劳动模范、青年代表座谈会上指出："劳动没有高低贵贱之分，任何一份职业都很光荣。广大劳动群众要立足本职岗位诚实劳动。无论从事什么劳动，都要干一行、爱一行、钻一行。在工厂车间，就要弘扬'工匠精神'，精心打磨每一个零部件，生产优质的产品。在田间地头，就要精心耕作，努力赢得丰收。在商场店铺，就要笑迎天下客，童叟无欺，提供优质的服务。只要踏实劳动、勤勉劳动，在平凡岗位上也能干出不平凡的业绩。"当前，社会分工日趋细化，岗位竞争也日趋激烈，每个人都要珍惜自己的工作岗位，既然选择了这个岗位，就要做到干一行、爱一行，怀着极大的工作热情投入工作，并在工作实践中培养自己的工作兴趣，激发做好本职工作的积极性。

2. 爱岗敬业就要从小事做起

人生一世，草木一秋。在漫长的历史长河中，一个人的生命只不过是短暂一瞬。如何让生命过得更有意义和价值，是每个人穷其一生都在思考的问题。无论我们从事何种岗位，都要脚踏实地，从小事做起。不要眼高手低,不愿意做小事,大事也是从小事做起的。我们不一定能成为工作中力挽狂澜的主要角色,但我们可以做通往成功路上的一小块铺路石,汇聚成沧海的一滴水。只要我们愿意做小事,把小事做好,甘于做平凡的事,把平凡事做成,就能为实现社会发展、民族振兴作出自己应有的贡献。

3. 爱岗敬业就要提高能力素质

素质是立身之基,技能是立业之本。面对数字经济和互联网时代的到来,作为一名劳动者,要胜任本职工作,做到爱岗敬业,就必须学习新知识、掌握新技能,进一步提高自身的能力素质,具备与岗位相适应的能力水平。有了能力才能出色地完成任务,如果只有敬业的良好愿望,却没有敬业所需要的素质,敬业也就无从谈起。因此,强烈的敬业精神可以转化成为工作动力,在这一基础上,劳动者要充分调动自身主观能动性,在实践中学习、在学习中提高,逐步提升能力素质,更好地胜任本职工作。

(二)争创一流

争创一流是一种积极进取的工作状态,是一种奋发向上的精神风貌。有了争创一流的工作精神,就能够在本职岗位上充分发挥个人的主观能动性,瞄准既定工作目标,作出优异的工作成绩。

1. 瞄准一流的工作标准

唐太宗李世民在《帝苑》中说:"取法于上,仅得为中;取法于中,故为其下。"意思是说,一个人制订了高目标,最后仍然有可能只达到中等水平。而如果制订了一个中等的目标,最后有可能只达到低等水平。古罗马政治家塞涅卡有句名言:"如果一个人活着不知道他要驶向哪个码头,那么任何风都不会是顺风。有人活着没有任何目标,他们在世间行走,就像河中的一棵小草,他们不是走,而是随波逐流。"这都启示我们,做任何一项工作都要确立工作标准和目标。有了高标准,就有了提高工作水平和工作业绩的前提和条件。确立工作高标准,表面上看是个人行动上的要求,实际上是一个人思维上的飞跃。如果没有工作的高标准,人就失去了方向目标,就没有奋发向上、积极进取的工作干劲,在工作中就会放松自己、安于现状、得过且过,遇到一点困难和挫折,就会放弃努力,徘徊不前。因此,一个人的人生定位不同,工作和生活的态度就不同,工作的成效自然也不同。只有胸怀远大目标,树立工作高标准,才能激发工作潜能,才能做到对工作精益求精,才能取得出色的业绩。

2. 保持争创一流的积极心态

争创一流的积极心态就是在工作生活中始终保持革命乐观主义精神,积极应对工作中出现的一切困难和问题,保持昂扬向上的良好精神风貌,主动出主意、想办法,努力完成工作任务,实现既定目标。有了积极心态,我们才能把握并充分挖掘自己的潜能,实现人生的价值,才能扼住命运的喉咙,把挫折当音符,谱写出人生的激情赞歌。要保持奋发向上的积极心态,还要增强自信,克服自满。在人生的道路上,自信是一把宝剑,久经磨砺,锋芒毕露。自满是一种腐蚀剂,日积月累,锐气必钝。鲁迅先生也曾说过:"不满是向上的车轮。"人类社会之所以能够不断发展进步,一个重要的推动力量就是这个向上的车轮。进取心是威力强大的引擎,是人类智慧的源泉,有了不满足现状的进取心,生命的航船才能够乘风破浪。有的人不能开拓进取,不是因为没有能力,而是因为没有足够的信心或勇气。一个没有奋进之心的人,往往自我束缚,自我埋没,永远不会得到成功的机会,永远也不会在工作领域内成为劳动模范。

3. 争创一流的工作成绩

确立了工作目标,有积极进取的工作精神,就要艰苦实干,争创一流的工作成绩。要围绕目标任务,分析研究工作中可能出现的困难和问题,找出解决问题的办法或途径,以只争朝夕的精神抓落实、创佳绩。现实生活中,有的人想干成事却干不成,究其原因,有的是没有目标跟着感觉走,有的是有了目标但没有行动,空喊口号,不见落实。要想创造一流的工作成绩,体现人生的价值,就必须争分夺秒做事,切忌今天推明天、明天推后天。在争创一流业绩的前进道路上,肯定会遇到各种困难和挫折。作为奋斗者,就要不畏困难,不怕挫折,不轻言放弃,相信功夫不负有心人。只要认真总结教训,找出问题的症结和原因,就一定能战胜困难,取得优异的工作成绩。

（三）艰苦奋斗

艰苦奋斗是一种精神追求、工作作风和生活态度，基本内涵是为实现既定目标而勇于克服艰难险阻，始终保持顽强斗志、坚韧不拔、奋发图强的精神品质。

1. 艰苦奋斗是中国共产党的优良传统

中国共产党党史就是一部艰苦奋斗史。新民主主义革命时期，中国革命斗争之所以能够取得一个又一个胜利、战胜一个又一个敌人，很重要的一个原因，就是中国共产党一直保持着艰苦奋斗的精神。社会主义建设时期，党继续强调艰苦奋斗的重要性。毛泽东同志提出，"艰苦奋斗是我们的政治本色"。改革开放和社会主义现代化建设进程中，党带领人民以艰苦卓绝的努力奋斗，完成了一个又一个"不可能"，创造了一个又一个发展奇迹。邓小平同志认为，"我们必须恢复和发扬党的艰苦朴素、密切联系群众的优良传统"。江泽民同志提出，"经济越是发展，物质生活条件越是改善，共产党员尤其是领导干部就越要发扬艰苦奋斗精神，越要诚心诚意为人民谋利益"。胡锦涛同志指出，"即便是我们的经济发展了，国家富强了，人民富裕了，也仍然要保持和发扬艰苦奋斗的优良作风"。

党的十八大以来，以习近平同志为核心的党中央坚持和发扬艰苦奋斗精神，把能不能坚守艰苦奋斗精神作为关系党和人民事业兴衰成败的大事。习近平总书记多次强调努力践行艰苦奋斗精神的重要性，他指出，"奋斗是艰辛的，艰难困苦、玉汝于成，没有艰辛就不是真正的奋斗，我们要勇于在艰苦奋斗中净化灵魂、磨砺意志、坚定信念"，并强调要"把艰苦奋斗精神一代一代传承下去"。

党的十九大报告指出，中国共产党人的初心和使命，就是为中国人民谋幸福，为中华民族谋复兴。今天，我们比历史上任何时期都更接近、更有信心和能力实现中华民族伟大复兴的目标。但是，要实现中华民族伟大复兴绝不会一帆风顺，我国发展面临的国际国内环境发生了深刻复杂的变化，更加需要弘扬共产党人艰苦奋斗的精神，才能把实现中华民族伟大复兴的伟大目标变为现实。

2019年3月5日,习近平总书记参加十三届全国人大二次会议内蒙古代表团审议时强调:"过去我们党靠艰苦奋斗、勤俭节约不断成就伟业,现在我们仍然要用这样的思想来指导工作。吃不穷、穿不穷,计划不到一世穷。党和政府带头过紧日子,目的是为老百姓过好日子,这是我们党的宗旨和性质所决定的。不论我们国家发展到什么水平,不论人民生活改善到什么地步,艰苦奋斗、勤俭节约的思想永远不能丢。艰苦奋斗、勤俭节约,不仅是我们一路走来、发展壮大的重要保证,也是我们继往开来、再创辉煌的重要保证。"

2022年10月,习近平总书记在党的二十大报告中强调,全党同志"务必谦虚谨慎、艰苦奋斗"。在瞻仰延安革命纪念地时,习近平总书记指出:"全党同志要大力弘扬自力更生、艰苦奋斗精神,无论我们将来物质生活多么丰富,自力更生、艰苦奋斗的精神一定不能丢。"我们必须谨记习近平总书记的重要指示,继承和发扬艰苦奋斗的光荣革命传统和优良作风,脚踏实地、苦干实干,集中精力办好自己的事情,把国家和民族发展放在自己力量的基点上。

2. 艰苦奋斗的本质是进取,核心是奋斗

"天行健,君子以自强不息;地势坤,君子以厚德载物。"自强不息、积极争取,是中华民族生生不息的精神支柱,是中国工人阶级的伟大品格,是公民道德规范的重要内容,也是艰苦奋斗的本质特征,更是个人成功的力量源泉。推动社会发展进步的人,并不是那些严格意义上的天才,而是那些积极进取并埋头苦干的人;工作取得卓越成绩的人,不是那些智力过人、才华横溢的超人,而是那些不论在哪一个行业都勤勤恳恳、发奋图强的人。现实生活中,越是远大的目标,越是宏伟的志向,可能遇到的困难和障碍越多,更需要全身心投入,持之以恒奋斗。具备并保持这种工作精神和状态,即使历经坎坷,也会不畏艰难险阻,始终百折不挠地奋斗,最终创造非凡工作业绩,实现人生价值。

3. 艰苦奋斗是人生成功的必经之路

"不经一番寒彻骨,怎得梅花扑鼻香。"法国作家大仲马说:"艰苦是一把

锋利的雕刀,时刻都在雕琢着人们的灵魂。"从这个意义上讲,艰苦既是考验人的试剂,也是磨炼人的良师。一个没有吃苦精神的人,在任何岗位上都将一事无成。成功永远属于那些愿意吃苦、勇于拼搏的人。吃苦既是一种经历,更是一笔财富。我国著名教育家徐特立老先生说过:"一个人有了远大理想。就是在最艰苦困难的时候,也会感到幸福。"只要我们树立远大理想,做好吃苦准备,就能够苦中有乐,以苦为荣,把工作当成事业,把岗位看作责任,在平凡岗位上作出不平凡的贡献。

(四) 勇于创新

2013年10月21日,习近平总书记在欧美同学会成立100周年庆祝大会上指出,"创新是一个民族进步的灵魂,是一个国家兴旺发达的不竭动力,也是中华民族最深沉的民族禀赋。在激烈的国际竞争中,惟创新者进,惟创新者强,惟创新者胜"。大力弘扬劳模精神,就是要以劳模为榜样,以勇于创新的实际行动,书写灿烂的人生篇章。

1. 勇于创新是时代发展的紧迫需要

党的十八大以来,习近平总书记把创新摆在国家发展全局的核心位置,高度重视创新发展,提出一系列新思想、新论断、新要求。2015年10月,习近平总书记在党的十八届五中全会第二次全体会议上指出,"我们必须把创新作为引领发展的第一动力,把人才作为支撑发展的第一资源,把创新摆在国家发展全局的核心位置,不断推进理论创新、制度创新、科技创新、文化创新等各方面创新,让创新贯穿党和国家一切工作,让创新在全社会蔚然成风"。多年来,工人阶级和广大劳动者,坚持面向世界科技前沿、面向经济主战场、面向人民美好生活的需求,以时不我待的精神,勇于创新,取得重大科技成果,彰显了中国制造、中国创造的大国国威。当今世界正经历百年未有之大变局,给我国的高质量发展带来了严峻的挑战。我国"十五五"规划和全面建成社会主义现代化强国、实现第二个百年奋斗目标,对创新尤其是科技创新提出了更高、更迫切的要求。我国经济发展和民生改善,比过去任何时候都更加需要创新,更加呼唤创新发展。特别是在激烈的国际竞争面前,在单边主义、保护主义抬头的大背景下,我们要屹立于世界的东方,进一步扩大中国在世界上的影响力，跟上世界科技发展的步伐，就必须勇于创新，敢为人先，争做重大科技成果的创造者、建设科技强国的奉献者、立足本职开拓创新的践行者。

2. 勇于创新是对新时代劳动者的基本要求

2020年11月24日，习近平总书记在全国劳动模范和先进工作者表彰大会上发表重要讲话，他指出："要增强创新意识、培养创新思维，展示锐意创新的勇气、敢为人先的锐气、蓬勃向上的朝气。"这是习近平总书记对新时代劳动者提出的创新要求，也是我们大力弘扬劳模精神的重要指引。

第一，要强化创新意识。创新意识是人类意识活动中一种积极的、富有成效的表现形式，是人们进行创造活动的出发点和内在动力，是创新的愿望和动机。作为一名劳动者，强化创新意识，就要培养自己发现好奇、发明创造的创新意识，敢于突破、敢于扬弃、求新求变。第二，主动养成创新思维。不能认为创新是科技人员的事，与自己关系不大；不能认为只要干好自己的分内工作就行，搞不搞创新无所谓；更不能以自己工作忙、压力大为借口，对创新置之不理。这种墨守成规、瞻前顾后、不思进取、与己无关的心理，不仅影响个人的成长进步，而且还会制约组织的创新发展。我们必须认识到，凡事都有一个由小到大、由量变到质变的过程，创新也是一样。在工作实践中，创新时时可为、处处可为，只要我们树立强烈的创新思维，平凡岗位就是创新的平台。

3. 勇于创新就要立足本职岗位

我国现代教育家陶行知在《创造宣言》中提到，"处处是创造之地，天天是创造之时，人人是创造之人"。职工是企业的创新主体，岗位是个人创新的平台。能否充分尊重和发挥企业职工在创新中的作用，是衡量一个企业是否有活力、有竞争力、有创造力的标志。能否在工作中注重创新，也是判断一名职工能力强弱的重要内容。作为一名劳动者，创新并不是高不可攀的，创新就在我们身边，在我们平凡的工作中。岗位创新不分你我，只要我们爱岗位、勤动脑、肯钻研、有毅力，同样可以进行创造创新。只要我们在工作岗位上不断学习、留心观察、积极思考、总结经验，创新的机遇就会出现，

【拓展阅读】万步炎教授与"海牛一号"

创新的点子就会层出不穷。

（五）淡泊名利

淡泊名利是中华民族的传统美德，是为人处世的崇高境界。许许多多的劳动模范，几十年如一日，在平凡的工作岗位上，脚踏实地、默默奉献，为国家和社会贡献着自己应有的力量。现代社会，到处充溢着炫人耳目的名利和诱惑，人们的价值观也呈现复杂多元化，学习践行劳模精神，就要学习他们淡泊明志、宁静致远的优秀品格，用高尚的理想和情操，充实自己的精神世界，努力实现人生价值。

1. 淡泊名利就要保持平常心态

在价值多元化的当今社会，一些人受到拜金主义、享乐主义等腐朽思想的影响，人生观、价值观被扭曲，认为只有获得名誉、金钱或地位才是成功的象征，否则就是无能的表现。因此，能够在物欲横流的现实中保持一颗平常心并非易事。面对名利得失，关键在于自己以什么样的心态去对待。这就要求我们将私欲控制在法纪制度、良心道德允许的范围之内，重事业淡名利，重知足轻奢求，重奉献不索取，放下功利思想，集中精力于本职工作，自觉经受住名利得失的考验，始终保持高尚的人格，这样才能在建功新时代的伟大事业中实现人生理想。

2. 淡泊名利就要做到慎独慎微

慎独是指一个人独处时能够做到谨慎不苟，即使在别人看不到的情况下，也能洁身自好、问心无愧。慎微就是慎小事、慎小节，从小事做起，警钟长鸣，防微杜渐。翻开受表彰的全国劳动模范的成长历史，无一不是慎独慎微的楷模，他们身上所体现的慎独慎微的情操以及修养、坦荡和自律，永远值得我们学习。慎独慎微要做到严于律己。我国自古就有"若安天下，必须先正其身""见贤思齐焉，见不贤而内自省也"的传统和古训。这些传统和古训启示引导人们要择善而从、严于律己。现实生活中，众目睽睽之下谨言慎行并不难，难的是在没有监督的情况下也能做到自重自爱。能否做到这一点，是检验一个人道德情操的关键。慎独慎微要做到注重小节。个人习惯和生活爱好看似是小事，实际上反映出一个人的品德和修养。细节决定成败,小事能成大事也能坏大事。任何事情都是从量变积累到质变的过程,"不虑于微,始贻于大;不防于小,终亏大德"。小事不努力,大事难完成。只有把一件件小事做好,才能干出大事业。能够在小事上谨言慎行,个人的品德才更能得到体现。

3. 淡泊名利就要知足常乐

知足是指在生活需求和名利得失上要知道满足,没有过分的期求,"知足常足,终身不辱"。知足是一种美德,知足的人常常能感到满足,一辈子都不会因为欲望太强烈而辱没自己。劳动模范之所以能够取得事业上的成功,赢得人们的敬重,就是因为他们始终把事业看得很重,把名利看得很淡。他们一开始并没有抱着获得多大名利的目的去工作,而是以为人民服务的高尚思想为引导,热爱且专注于自己的工作。即使是获得名利之后,他们还是保持一如既往的平常心态,一如既往地从事平凡工作。作为普通的劳动者,我们就应该像劳动模范那样,在个人利益得失面前,站得高一些,看得远一些,始终保持一种知足心理,时刻把党的事业、人民的利益放在高于一切的位置。这样,就会对待名利多一份淡定,对待诱惑多一份坚毅,对待得失多一份从容。

(六) 甘于奉献

奉献精神是人类社会文明进步的重要标志,是人类最纯洁、最高尚、最伟大的精神。甘于奉献是共产党人理想信念的集中体现,是劳动模范永恒不变的本质特征。

1. 甘于奉献是中华民族的传统美德

在中华民族5000多年的历史长河中,许多仁人志士、英雄豪杰,都把为国为民无私奉献当作其人生最崇高的理想和事业。诸葛亮"鞠躬尽瘁,死而后已",铸就了流芳千古的名篇;范仲淹"先天下之忧而忧,后天下之乐而乐",开阔了无数人的胸怀;文天祥"人生自古谁无死,留取丹心照汗青",谱写了传颂至今的正气之歌;林则徐"苟利国家生死以,岂因祸福避趋之",演绎了中华民族的千古绝唱;孙中山倡导的"天下为公",激励着无数仁人志士奋斗不息;毛泽东号召"完全彻底为人民服务",成为中国共产党的根本宗旨;习近平总书记面对外国政要提问,铿锵有力地说出"我将无我,不负人民"这一直击人心的赤诚奉献宣言,体现了共产党人为民初心的崇高境界。

2. 甘于奉献是中国共产党人的政治本色

中国共产党建党100多年来,无数共产党人为了民族的独立,为了人类的解放,为了人民的幸福,前赴后继,舍生忘死。他们将淡泊名利、甘于奉献的精神发扬光大。战争年代,面对血雨腥风,面对枪林弹雨,无数共产党人大义凛然,视死如归;中华人民共和国成立后,面对百废待兴、一穷二白的国家,无数共产党人埋头苦干,艰苦创业;改革开放时期,面对形势复杂的诱惑,面对名利金钱,无数共产党人拒腐蚀永不沾,立足岗位做奉献;进入新时代,无数共产党员毅然以"无我"的使命感,攻坚克难,不断创造出辉煌的业绩。可以说,中国共产党百年历史是无数淡泊名利、甘于奉献的共产党人铸就的不忘初心、牢记使命的奋斗史。

习近平总书记指出,"从2021年开始,我国将进入'十四五'时期,这是乘势而上开启全面建设社会主义现代化国家新征程、向第二个百年奋斗目标进军的第一个五年",建设社会主义现代化强国,实现中华民族伟大复兴,必须依靠广大劳动者的辛勤劳动,必须大力弘扬劳模精神。高举弘扬劳模精神旗帜,可实现润物无声、潜移默化的教育效果,对完成立德树人的根本任务和培养担当民族复兴大任的时代新人具有积极意义。

二、劳动精神

人民创造历史,劳动开创未来。劳动是推动人类社会进步的根本力量。"劳动创造了人本身""劳动是唯一价值源泉""劳动创造财富、劳动使人幸福"等,积淀成为劳动者的精神力量。社会主义劳动精神是建立在马克思主义劳动观的理论基石上的,汲取了中华优秀传统文化中的劳动理念,形成于中国人民伟大的社会历史实践之中,丰富和发展于中国特色社会主义新时代。

(一)崇尚劳动

崇尚劳动就是推许劳动之美、认可劳动者的价值与地位。只有全社会

【拓展阅读】袁隆平:平生祇事稻梁谋 鲐背仍为国家思

【拓展阅读】雷锋:为人民服务的代名词

大学生劳动实践手册

（口袋手册）

院　　系：_____

专业班级：_____

姓　　名：_____

学　　号：_____

教育是国之大计、党之大计。培养什么人、怎样培养人、为谁培养人是教育的根本问题。育人的根本在于立德。全面贯彻党的教育方针,落实立德树人根本任务,培养德智体美劳全面发展的社会主义建设者和接班人。

前　言

　　劳动实践是劳动教育的重要组成部分。为构建德智体美劳全面培养的教育体系，深入贯彻落实党的二十大报告中提出的"培养德智体美劳全面发展的社会主义建设者和接班人"这一具体任务，以中共中央、国务院2020年3月发布的《关于全面加强新时代大中小学劳动教育的意见》为指导，以教育部印发的《大中小学劳动教育指导纲要（试行）》为基本遵循，结合学校劳动教育课程标准的相关要求，特制订本手册，以切实加强大学生的劳动实践与教育。

目 录

一、劳动实践目的 / 001

二、劳动实践内容 / 001

三、劳动实践登记表 / 004

四、劳动实践要求与评价标准 / 014

五、劳动实践评价 / 015

一、劳动实践目的

通过积极参加学校和家庭的日常生活劳动、专业实习实训和社会公益服务劳动，达到以下目标。

1. 树立正确的劳动观念

正确理解劳动是人类发展和社会进步的根本力量。在劳动实践过程中，认识劳动创造人、劳动创造价值、劳动创造财富、劳动创造美好生活的道理，尊重劳动，尊重普通劳动者，牢固树立劳动最光荣、劳动最崇高、劳动最伟大、劳动最美丽的思想观念。

2. 养成良好的劳动习惯

能够自觉自愿、认真负责、安全规范、坚持不懈地参与劳动，形成诚实守信、吃苦耐劳的品质。珍惜劳动成果，养成良好的消费习惯，杜绝浪费。

3. 培养必备的劳动能力

掌握基本的劳动知识和技能，正确使用常见劳动工具，增强体力、智力和创造力，具备完成一定劳动任务所需要的设计、操作能力及团队合作能力。

4. 培育积极的劳动精神

继承中华民族勤俭节约、敬业奉献的优良传统，弘扬开拓创新、砥砺奋进的时代精神。

二、劳动实践内容

以培养学生的劳动素养为导向，围绕日常生活劳动、生产劳动、服务性劳动，以任务群为基本单位开展劳动实践。

1. 日常生活劳动

日常生活劳动涉及个人生活事务的衣、食、住、行、用等方面,注重生活能力和良好卫生习惯的培养,提高劳动自立自强的意识和能力。日常生活劳动包含校园公共区域卫生清扫、多媒体教室卫生保洁与维护、机房与实训场地保洁与维护、宿舍整理与清扫四个任务群。具体任务可参考表1。

表1 日常生活劳动实践任务群

任务群名称	劳动区域与内容	计时标准	任务申领
校园公共区域卫生清扫	区域:校园公共区域。 内容:卫生清扫、垃圾倾倒、绿植维护等	每次计1学时	团委统一划定,无须另外申请
多媒体教室卫生保洁与维护	区域:全校的教室。 内容:地面、墙面卫生清扫以及桌椅板凳摆放	每次计1学时	团委统一划定,无须另外申请
机房与实训场地保洁与维护	区域:公共机房或各学院专业实训室。 内容:地面、墙面卫生清扫以及实训器材等的归位	每次计1学时	学生自行到实训中心报名。 通过辅导员或任课教师推荐
宿舍整理与清扫	区域:个人宿舍。 内容:全屋清扫、个人物品的整理与收纳	评一次文明宿舍计1学时	按学工处活动通知进行

2. 生产劳动

让学生在各种物质生产活动的过程中直接经历物质财富的创造过程,或参与企业实际运营过程,体验简单劳动、复杂劳动、创造性劳动等形式,淬炼生产劳动技能,体会物质产品的来之不易,认识人与自然、人与人之间的基本关系。本课程中的生产劳动包括专业实习实训、职场实习(含勤工俭学)、专业技能竞赛、创新创业实践四个任务群。具体任务可参考表2。

表2　生产劳动实践任务群

任务群名称	劳动岗位与要求	计时标准	任务申领
专业实习实训	岗位:企业的专业实习岗位。 要求:完成专业实习任务	每个实训周期计2学时	可根据学院总体安排或专业老师安排进行
职场实习(含勤工俭学)	岗位:学校相关管理部门辅助岗位。 要求:履行相关管理部门的工作职责	每个学期计4学时	可到学校相关部门或学院管理部门申请。 勤工俭学的实践登记表需要学院或学工处盖章
专业技能竞赛	岗位:各学院的专业教研室等。 要求:参加与专业学习相关的专业技能竞赛或学科知识竞赛	每个活动计2学时	可找专业教师或学科教师报名参加
创新创业实践	岗位:教务处、就业指导中心。 要求:参加创新创业大赛或相关的创新创业活动	每个活动计2学时	可根据学校活动通知安排报名参加

3. 服务性劳动

　　服务性劳动是利用知识、技能为他人和社会提供服务,在现代服务业、公益劳动与志愿服务中认识社会,树立服务意识,体悟劳动中人与人、人与自然、人与社会的关系,强化社会责任感。服务性劳动包含校内志愿者服务、校外志愿者服务、"三下乡"活动三个任务群。具体任务可参考表3。

表3　服务性劳动实践任务群

任务群名称	服务内容	计时标准	任务申领
校内志愿者服务	迎新接待、协助组织学校大型活动等	每个活动计2学时	团委、学工或其他部门组织,根据通知报名
校外志愿者服务	关爱老人、社区服务、文明倡寻、环保志愿者等	每个活动计2学时	团委组织
"三下乡"活动	科技、文化、教育下乡	每次计4学时	团委组织

三、劳动实践登记表

劳动实践登记表(第1学期)

任务群名称	劳动实践描述		实践学时(由教师填写)	任务发起部门指导教师签字或盖章
	劳动实践内容(由学生填写) 需要出具实践证明材料的,签字认定时出示			
日常生活劳动实践任务群				
生产劳动实践任务群				
服务性劳动实践任务群				
总学时(学生本人填写)				

注:劳动实践时长的认定、签字或盖章由任务发起部门指导教师完成,学生不得弄虚作假。

劳动实践登记表(第2学期)

任务群名称	劳动实践描述		任务发起部门指导教师签字或盖章
	劳动实践内容(由学生填写) 需要出具实践证明材料的,签字认定时出示	实践学时 (由教师填写)	
日常生活劳动实践任务群			
生产劳动实践任务群			
服务性劳动实践任务群			
总学时(学生本人填写)			

注:劳动实践时长的认定、签字或盖章由任务发起部门指导教师完成,学生不得弄虚作假。

劳动实践登记表(第3学期)

任务群名称	劳动实践描述		实践学时(由教师填写)	任务发起部门指导教师签字或盖章
	劳动实践内容(由学生填写) 需要出具实践证明材料的,签字认定时出示			
日常生活劳动实践任务群				
生产劳动实践任务群				
服务性劳动实践任务群				
总学时(学生本人填写)				

注:劳动实践时长的认定、签字或盖章由任务发起部门指导教师完成,学生不得弄虚作假。

劳动实践登记表（第4学期）

任务群名称	劳动实践描述		实践学时（由教师填写）	任务发起部门指导教师签字或盖章
	劳动实践内容（由学生填写） 需要出具实践证明材料的，签字认定时出示			
日常生活劳动实践任务群				
生产劳动实践任务群				
服务性劳动实践任务群				
总学时（学生本人真写）				

注：劳动实践时长的认定、签字或盖章由任务发起部门指导教师完成，学生不得弄虚作假。

劳动实践登记表(第5学期)

任务群名称	劳动实践描述		实践学时(由教师填写)	任务发起部门指导教师签字或盖章
	劳动实践内容(由学生填写) 需要出具实践证明材料的,签字认定时出示			
日常生活劳动实践任务群				
生产劳动实践任务群				
服务性劳动实践任务群				
总学时(学生本人填写)				

注:劳动实践时长的认定、签字或盖章由任务发起部门指导教师完成,学生不得弄虚作假。

劳动实践登记表(第6学期)

任务群名称	劳动实践描述		实践学时（由教师填写）	任务发起部门指导教师签字或盖章
	劳动实践内容(由学生填写) 需要出具实践证明材料的,签字认定时出示			
日常生活劳动实践任务群				
生产劳动实践任务群				
服务性劳动实践任务群				
总学时(学生本人填写)				

注:劳动实践时长的认定、签字或盖章由任务发起部门指导教师完成,学生不得弄虚作假。

劳动实践登记表（第7学期）

任务群名称	劳动实践描述		实践学时（由教师填写）	任务发起部门指导教师签字或盖章
	劳动实践内容（由学生填写） 需要出具实践证明材料的，签字认定时出示			
日常生活劳动实践任务群				
生产劳动实践任务群				
服务性劳动实践任务群				
总学时（学生本人填写）				

注：劳动实践时长的认定、签字或盖章由任务发起部门指导教师完成，学生不得弄虚作假。

劳动实践登记表(第8学期)

任务群名称	劳动实践描述		任务发起部门指导教师签字或盖章
	劳动实践内容(由学生填写) 需要出具实践证明材料的,签字认定时出示	实践学时(由教师填写)	
日常生活劳动实践任务群			
生产劳动实践任务群			
服务性劳动实践任务群			
总学时(学生本人填写)			

注:劳动实践时长的认定、签字或盖章由任务发起部门指导教师完成,学生不得弄虚作假。

劳动实践登记表(第　学期)

任务群名称	劳动实践描述		实践学时(由教师填写)	任务发起部门指导教师签字或盖章
	劳动实践内容(由学生填写)需要出具实践证明材料的,签字认定时出示			
日常生活劳动实践任务群				
生产劳动实践任务群				
服务性劳动实践任务群				
总学时(学生本人填写)				

注:劳动实践时长的认定、签字或盖章由任务发起部门指导教师完成,学生不得弄虚作假。

劳动实践登记表(第　　学期)

任务群 名称	劳动实践描述		实践学时 (由教师 填写)	任务发起 部门指导 教师签字 或盖章
	劳动实践内容(由学生填写) 需要出具实践证明材料的,签字认定时出示			
日常生 活劳动 实践任 务群				
生产劳 动实践 任务群				
服务性 劳动实 践任务 群				
总学时(学生本人填写)				

注:劳动实践时长的认定、签字或盖章由任务发起部门指导教师完成,学生不得弄虚作假。

013

四、劳动实践要求与评价标准

1. 学时要求

劳动实践是必修内容,建议每个学期不少于4学时。如果一个劳动实践任务群达不到4学时的,应实践2个或2个以上的任务群。本科学生应连续参加6个学期,劳动实践总学时不少于24学时;专科学生应连续参加4个学期,劳动实践总学时不少于12学时。

2. 提交时间

劳动实践是大学生课外培养计划的重要组成部分,每位同学应规范记录本手册,并妥善保存、按时提交。本科学生劳动实践登记表于第7学期第10周提交;专科学生劳动实践登记表于第4学期第14周提交。

3. 成绩应用

劳动实践成绩为二级制,为及格和不及格。成绩不及格的,毕业资格审核不予通过;学生需要在规定时间内补齐劳动实践,方可重新进入毕业审核环节。

4. 评价标准

评价标准见下表。

评价区间	及格	不及格
评价参考标准	①本科连续6个学期参加实践,专科连续4个学期参加实践。 ②每个学期实践达到4学时,本科学生累计实践不低于24学时,专科学生累计实践不低于12学时。 ③劳动实践覆盖日常生活劳动、生产劳动和服务性劳动三大实践任务群。 ④劳动实践经历登记表记录清晰 (注:①和③须满足 1 条)	①本科学生累计实践不满24学时;专科学生累计实践不满12学时。 ②劳动实践任务群和劳动实践岗位过于单一的。 ③劳动实践经历登记表的记录不清楚,无法被识别和认读的

五、劳动实践评价

评价项目	评价情况	备注
完成的实践总学时	本科： □>24　□<24 专科： □>12　□<12	
实践的连续性	本科： 是否连续≤个学期参加劳动实践 是（　）否（　）	
	专科： 是否连续≤个学期参加劳动实践 是（　）否（　）	
劳动覆盖的任务群	□日常生活劳动实践任务群 □生产劳动实践任务群 □服务性劳动实践任务群	
记录清晰度	□清晰　　□不清晰	
评价结论	□及格　　　□不及格 教师签章：	

注：评价结论由指导教师统一填写，并作为卷宗资料按班级整理后交课程所在教学部门存档。

都崇尚劳动,才能释放劳动的价值魅力,才能提升对劳动者的认同感,才能为实现中华民族伟大复兴汇聚最磅礴的力量。一个时代无论处在何种历史方位、一个国家一个社会无论内外条件如何变化,崇尚劳动都应该是永恒的主题,都必须始终关注劳动者在推动国家发展、社会进步和家庭幸福中的主力军作用。反之,如果不鼓励人民群众特别是青年人从基础做起、从基层做起,而是任由他们一味追求身份与工作的"光鲜亮丽",忽略成功背后的辛劳与汗水,就难以美梦成真。当前我国正朝着全面建成社会主义现代化强国迈进,在根本上需要依托劳动、依靠劳动者。可以说,把崇尚劳动作为全社会弘扬劳动精神的重要一环,既是对劳动者社会地位的伦理表达,也是对劳动独特作用的权威认定。

在我们社会主义国家,一切劳动,无论是体力劳动还是脑力劳动,都值得尊重和鼓励;一切创造,无论是个人创造还是集体创造,也都值得尊重和鼓励。全社会都要以辛勤劳动为荣、以好逸恶劳为耻,任何时候任何人都不能看不起普通劳动者,都不能贪图不劳而获的生活。一切劳动者,只要肯学肯干肯钻研,练就一身真本领,掌握一手好技术,就能立足岗位成长成才,就都能在劳动中发现广阔的天地,在劳动中体现价值、展现风采、感受快乐。

(二)热爱劳动

热爱劳动是劳动者对劳动的积极心理态度,是创造众多社会奇迹的劳动者所共有的品质。习近平总书记曾多次倡导"全社会都要热爱劳动,以辛勤劳动为荣,以好逸恶劳为耻"。这是因为,只有基于对劳动的热爱,劳动者才能最大程度发挥聪明才干,提高劳动效率,进而体会到自我价值实现的满足与喜悦。反之,如果对劳动不能形成由内而外的热爱,那么劳动则会异化为外在的束缚和枷锁,人在劳动中就感受不到幸福。正如马克思所言,"只要肉体的强制或其他强制一停止,人们就会像逃避瘟疫那样逃避劳动",劳动由此成为令人厌恶和痛苦的事情了。

劳动者只有坚守热爱劳动的价值观念,继承和发扬热爱劳动的优良美德,才会心甘情愿接受劳动,实现由"要我劳动"到"我要劳动"的转变,而非滋生对劳动的盲从和被动;才会心悦诚服认同劳动,在工作岗位上埋头苦干,而非内生对劳动的反感和排斥;才会心无旁骛埋头劳动,全面提升自身的劳动素养,而非产生对劳动的懈怠和逃离。对于广大劳动者来说,热爱劳动主要指的是热爱自己的岗位和工作。这就要求每一位劳动者都应该干一行、爱一行,认真钻研业务,争取成为行家里手。一份工作既是劳动者的"饭碗",可以养家糊口,也是展示自己才能和实现自己价值的平台,更是为单位、社会和国家创造价值的机会。一个人如果不能为单位、社会和国家创造足够的价值,不仅无法实现自己的价值,甚至还会影响到自己的"饭碗"。所以,热爱劳动是每一位劳动者的本分。

(三) 辛勤劳动

辛勤劳动强调的是劳动者勤劳而肯于吃苦的劳动状态,是中华民族代代相传的优秀品质。习近平总书记多次强调辛勤劳动、艰苦实干的重要性,呼吁"要在全社会大力弘扬真抓实干、埋头苦干的良好风尚"。"实干"不仅是一种坚忍不拔、披荆斩棘的工作作风,还是一种实事求是、去伪存真的工作方法,折射出的是艰苦奋斗、脚踏实地、知行合一的道德品质。习近平总书记指出:"任何一名劳动者,要想在百舸争流、千帆竞发的洪流中勇立潮头,在不进则退、不强则弱的竞争中赢得优势,在报效祖国、服务人民的人生中有所作为,就要孜孜不倦学习、勤勉奋发干事。"由此可见,无论我们从事劳动的外在环境如何变化,辛勤劳动都是个人追求美好生活、实现人生价值的内在要求和可靠抓手。可以说,"辛勤"定义了劳动的崇高和伟大,是劳动得以被尊重的缘由。

习近平总书记还指出:"社会主义是干出来的,新时代是奋斗出来的。"这就要求我们要树立正确的劳动观,弘扬奋斗精神,坚持苦干实干,把个人的"小我"和国家的"大我"统一起来,把个人成长和时代进步结合起来。牢固树立"一分耕耘,一分收获"的劳动意识,自觉抵制一切不劳而获、投机取巧的错误思想,尊重他人劳动成果,杜绝坐享其成、贪图享乐和无功受禄。正如俗语所说,"天上不会掉馅饼""天下没有免费的午餐",只有辛勤劳动,才能三百六十行,行行出状元,一切幸福和梦想才能成真。特别在身处舞台更大、机遇更多、科技更强的新时代,我们只有勤于奋斗、乐于奉献,撸起袖子加油干,才能开创出人生的精彩事业。

(四)诚实劳动

在劳动中秉持的态度和投入的力度,关乎劳动回报率的高低。诚实劳动作为劳动者在生产生活中的一种工作要求,体现为遵从工作标准、遵循职业要求、遵守法律法规等,是维护社会公平正义、彰显劳动本义、闪烁人性光辉的必然规定,强调在合法劳动的基础上,不偷懒耍滑,不投机钻营。正如习近平总书记指出的那样:"人世间的美好梦想,只有通过诚实劳动才能实现;发展中的各种难题,只有通过诚实劳动才能破解;生命里的一切辉煌,只有通过诚实劳动才能铸就。"显然,劳动者唯有诚实守信、脚踏实地、勤恳劳动,才能收获安于内心、他人赞誉的劳动成果;只有在劳动中提供周到服务、培养互助美德、完善有序竞争和构建诚信体系,传承好中华文化"诚实"这一优秀基因和宝贵品质,才能让诚实劳动成为全社会都信奉的价值风尚。

无论是扎根平凡岗位的一线劳动者,还是身处高精尖技术岗位或管理岗位的高素质高技能人才,不论投身哪个行业,从事什么职业,都应该以诚实劳动为基本准则。对于广大劳动者而言,要牢牢守住诚信做人的底线,践行"诚信"价值观,把守法诚信作为安身立命之本,始终以诚为先、以诚为重、以诚为美,让诚实劳动成为价值自觉、道德品行和行动操守。

三、工匠精神

工匠精神是一种情感意愿,是一种对事业、职业的执着,是一种责任,也是一种信仰。工匠精神起源于行规。匠人在执着于器物的过程中,将对器物的加工理解为自身的价值体现,将对器物的考察加工内化为自我心性的完善和纠正,这一过程体现了知识结构和精神的统一。工匠文化源远流长,自手工业生产以来,工匠们以自己的独具匠心和真诚劳作,创造出一件件经典的作品,赋予中华民族灿烂文明以实体形态。工匠精神最早用来指代手工业劳动者精益求精的一种精神追求。春秋时期孔子就曾教导弟子"事思敬,执事敬",至今工匠精神在我国已发展延续数千年。2020年,习近平总书记在全国劳动模范和先进工作者表彰大会上的讲话中,进一步明确工匠精

【拓展阅读】黄容:以"死磕"的劲头攻克特种装备研发难题

神是"执着专注、精益求精、一丝不苟、追求卓越"。

（一）执着专注

执着专注是优秀工匠的必备品质。执着就是持续、长久甚至用一生来从事自己所认定的事业，无怨无悔，永不言弃。专注就是把精力全部凝聚到自己认定的目标上，一心一意走好自己的路，不达目的誓不罢休。优秀工匠都是有大智慧的人，他们知道自己应该追求什么、舍弃什么；优秀工匠也都是有毅力的人，他们知道如何才能坚守自己的理想而不会功亏一篑；优秀工匠更是有信念的人，他们知道只有锲而不舍、专心致志、淡泊宁静，才能在平凡的工作中锤炼自己的才干，施展自己的抱负，从而实现自己的价值。

匠人匠语：一心在一艺，其艺必工；一心在一职，其职必举。

（二）精益求精

精益求精作为一个古老的成语，意思是已经把事情做得非常出色了，但还要追求更加完美。作为一种精神，精益求精是优秀工匠共同具有的思想特质和从业准则，那就是"要做就要做最好"。他们以严谨的工作态度、纯粹的专业眼光严苛地审视自己的工作，酝酿最完善的工艺流程和技术关键，不允许有任何疏漏；他们一板一眼、一丝不苟地做事，杜绝任何投机取巧的行为，甚至将"捷径"看作最大的"弯路"，把"敷衍"看作对自己的"犯罪"；他们在精、细、实上下足功夫，不允许自己的产品有任何瑕疵；他们用心工作，在每个细节上都精雕细琢，直到穷尽自己的心智；他们追求极致，力求让手中所出的每一件产品都是精品乃至极品，并融入自己的独特技艺和精神气质。

（三）一丝不苟

"天下大事，必作于细。"一丝不苟是优秀工匠的自我要求，是细节上的坚守、态度上的严谨。一方面，一丝不苟体现在对细节的坚守。优秀工匠不会放过任何一个细节，会按照规范将误差控制在理想状态。他们秉持着"差之毫厘，谬以千里"的理念，不惜花费大量时间和精力，精心打磨、专心雕琢每一个零件、每一道工序、每一次组装。另一方面，一丝不苟体现在工作态度上的严谨。优秀工匠对完美有着近乎偏执的追求，时时刻刻以最高标准要求自己,他们永远不会满足现状,而是敢于挑战艰巨的困难、超越旧有的局限,做到极致、臻于化境才是最终目标。

(四)追求卓越

追求卓越,就是在自己的本职岗位上力争做到更好,在改进产品质量和流程上追求创新。杰出的工匠不仅注重传承前辈的优秀经验,更强调在此基础上永不止步、与时俱进、改革创新。他们不拘泥于传统、不固守于惯例,而是敢于突破常规、打破僵化、解放思想、别出心裁,积极开展技术改革,大胆运用新的工艺措施,将创新由可能变为现实。因此,追求卓越、传承创新的内涵促使工匠精神能够经受住岁月的洗礼,不断焕发出新的魅力与光彩。

【知识拓展】"七一勋章"获得者艾爱国:焊工领域的领军人物

第二节　劳动精神的地域传承

一方水土养一方人,一方水土也塑造一种人的性格,湖南的三湘四水孕育了对中国近代历史产生深远影响的湖湘文化,也造就了近代湖南鼎盛的"惟楚有材"时代。湖湘文化是千年的积淀和传承的结果,这种深厚的底蕴在近代特殊的社会环境下喷发而出,成就了湖南人在近代历史中的地位,也使湖南人至今都引以为豪。

一、自强不息的奋斗风尚

(一)自强不息的文化基因与湖湘渊源

湖湘文化中的自强不息精神,深深植根于湖湘先民与自然环境的长期斗争以及南北文化的对立融合之中。湖湘先民在艰苦的自然环境中,凭借坚韧不拔的毅力和刻苦耐劳的性格,征服了自然,奠定了湖湘人自强不息的文化基因。这种精神特质在湖湘文化中得以传承,成为湖湘人民面对困难和挑战时勇往直前、不屈不挠的力量源泉。

(二)自强不息的学者风范与志士精神

湖湘学者和志士仁人以身作则,诠释了自强不息的内涵。他们心忧天下,以变革图强为己任,无论面对怎样的困境和挑战,都保持着坚定的信念和昂扬的斗志。胡安国、王夫之、左宗棠、谭嗣同等湖湘先贤,他们的生平事迹和思想理念,都彰显了自强不息的精神风貌。这种精神激励着湖湘人民不断追求进步,勇于担当,为国家和民族的繁荣富强贡献自己的力量。

（三）自强不息的近代实践与时代价值

【拓展阅读】旷世奇才杨度先生与《湖南少年歌》

近代以来,湖湘精英在自强不息精神的指引下,积极投身救亡图存的伟大实践。从洋务运动到维新变法,从辛亥革命到新民主主义革命,湖湘人民始终保持着自强不息的奋斗精神,为民族的独立和人民的幸福英勇奋斗。这种精神不仅在当时发挥了重要作用,而且在今天仍然具有时代价值。它激励着我们在现代化建设的道路上,勇于面对挑战,不断开拓创新,为实现中华民族伟大复兴的中国梦而努力奋斗。

二、经世致用的务实品质

（一）经世致用的文化基因与湖湘渊源

在中华文化中,"经世致用"具有悠久的传统,这一治学理念和价值核心的形成,湖南思想家、教育家和广大湖湘士子发挥了重要作用。经世致用,作为湖湘文化最突出的特征,其文化基因深深植根于湖湘大地,历经千年传承,愈发彰显其独特魅力。

湖湘学统历来强调理论与实践结合以济世经邦,强调以学资治,学以致用。自南宋湖湘学派创立之初,便奠定了务实学风,反对"儒腐"学风,注重经世务实。胡宏、张栻等人主张不尚空谈,讲求实用,从国计民生中去探求富国强兵之道。这一传统培养出了众多具有实干精神的人物,如宋代的吴猎、赵方等,他们或成为济世经邦的能员大吏,或成为卫国杀敌的良将英才。船山哲学更是将"言必征实""义必切理"的实学思潮厉行于湖南。

近代以来,湖湘文化中的经世致用理念更加凸显其时代价值。魏源等名士以经世致用的眼光,力主扭转乾嘉考据学风,将学术导向干预政治和革故鼎新的轨道。他们提出的富国强兵经世方略,为近代湖南的崛起和中国现代化的进程起到了积极的推动作用。

(二) 经世致用的学者风范与志士精神

受经世致用的实学思想熏陶和指引,历代湖湘学者大都重视实践,勤勉力行。宋代湖湘学者胡宏大力提倡"行之行之而又行之",张栻提出"致知力行,互相发也"的思想。明清之际的大思想家王夫之更是全面系统地提出了"知行相资以为用"的辩证知行统一观,并终生践行,取得了巨大成就。

晚清名臣陶澍强调通经致用,主张"有实学,斯有实行,斯有实用"。他在履职过程中,必登览形势,访察利弊,以此为基础督办海运、剔除盐政积弊、兴修水利。曾国藩、左宗棠等名臣也均主张知行合一,将经世致用理念贯穿于自己的学术和实践中。左宗棠在青年时代就十分重视经世之学,精研地理学、通晓农学,为其日后的赫赫事功奠定了坚实基础。

这种重视实践、勤勉力行的学者风范和志士精神,不仅成就了湖湘学派的辉煌,也为中国文化注入了新的活力。

(三) 经世致用的近代实践与时代价值

到了近代,经世致用的理念在湖湘文化中得到了新的阐释和升华,成为推动中国现代化进程的重要力量。魏源在《海国图志》中提出了"以实事程实功,以实功程实事"的主张,广泛介绍世界各国史地政情,倡学西方先进的科技、军事,以实现"师夷长技以制夷"。这一思想为近代中国的变革提供了重要的理论支撑。

胡林翼、曾国藩、左宗棠等名臣以务实、主动、重行、思变的思想,将经世致用推向新的理论高度。他们不仅在政治、军事领域展开了一系列改革和创新,还注重文化、教育、科技等各方面的实践。这种全面的实践探索,为近代湖南的崛起和中国文化的现代化转型作出了重要贡献。

同时,经世致用的理念也激励着无数湖湘儿女为国家和民族的繁荣富强而英勇奋斗。他们不畏艰难险阻,勇于担当时代赋予的使命,用实际行动诠释了经世致用的深刻内涵。在当今时代,经世致用的理念仍然具有重要的价值,它提醒我们学问要服务于社会和实践,鼓励我们积极投身社会实践,为实现中华民族伟大复兴贡献自己的力量。

【拓展阅读】"楚怡"职教 百年荣光

三、敢为人先的开拓精神

（一）敢为人先的文化基因与湖湘渊源

杨毓麟在1902年所著的《新湖南》一书中，鲜明地提出"我湖南有特别独立之根性"，这种根性，实则就是敢为天下先的奋斗与创新精神。纵观历史，不难发现，在中国历史与文化发展的诸多关键转折点上，湖湘人士总是恰逢其时，以敢为人先、与时俱进的精神引领风骚。

北宋时期，周敦颐在儒、释、道三家合流的背景下，不拘泥于传统儒学框架，创造性地融合道家与佛教思想，拓展了儒学体系，使中国儒学从政治哲学转向心性哲学，成为宋明理学的奠基者。这一创新举措，正是湖湘文化中敢为人先精神的早期体现。

明末清初，王夫之在总结古代学术的基础上，突破前人限制，大胆批判封建专制主义的"正统"观，提出人类文明向前演进的思想，成为近代思想启蒙的先驱。他的思想影响深远，为后来的维新运动和辛亥革命提供了理论源泉，进一步彰显了湖湘文化中敢为人先的精神特质。

（二）敢为人先的学者风范与志士精神

在湖湘大地上，涌现出了一批批敢为人先的学者与志士。清末时期，魏源在世人皆醉的环境中，率先睁眼看世界，提出"师夷长技以制夷"的口号，以超凡的远见启迪国人救弊图强。他编成《海国图志》，全面阐述了学习西方先进技术的主张，展现了湖湘学者的敢为人先风范。

曾国藩、左宗棠等人接踵其后，投身洋务运动，开启军工、工业救国的先河，将魏源的主张付诸实践。他们引进西方先进科学技术，推动中国现代化进程，体现了湖湘志士的实干精神与创新意识。

谭嗣同更是直接继承和发挥了王夫之的"日新"哲学，强调变革与创新的重要性。他以敢为人先的精神，投身于维新变法运动，为中国的民主制度探索作出了重要贡献。

（三）敢为人先的近代实践与时代价值

进入近代以来,湖湘文化中的敢为人先精神在实践中得到了充分展现。郭嵩焘作为湖湘士人的代表,认真思考西方国家的政治、文化优点,并努力借鉴。他赴英考察,学习西方国家的政治体制、教育和科学状况,将所见所闻记入《使西纪程》,主张中国应研究、学习西方。

辛亥革命时期,以黄兴、宋教仁等为代表的湖湘革命者,或奔波于海外鼓吹革命,或立足国内发动起义,成为推翻封建帝制的主力军。他们的英勇事迹和革命精神,彰显了湖湘文化中敢为人先的时代价值。

十月革命后,毛泽东、何叔衡等湖湘青年再次引领时代风潮。他们研读船山遗著,创办湖南自修大学,为中国革命事业培养了一代新人。毛泽东等人在革命实践中,敢于突破传统束缚,勇于创新和实践,最终亲手创建了新中国,实现了中华民族伟大复兴。

从周敦颐到王夫之,从魏源到曾国藩、左宗棠,从郭嵩焘到谭嗣同,从黄兴、宋教仁到毛泽东,无数湖湘先哲前贤以敢为人先的精神,为湖湘文化的繁衍与发展作出了巨大贡献。他们是湖湘精神的创设者、积淀者、传承者和光大者,他们的丰功伟绩将永远铭刻在历史的丰碑上。

【拓展阅读】湖南省的"三高四新"发展蓝图

第三节　劳动文化的校园传承

校园文化是学校发展的灵魂,是凝聚人心、展示学校形象、提高学校文明程度的重要体现,承担着熏陶和影响学生的重要作用。习近平总书记指出,要"注重以文化人、以文育人",中共中央、国务院印发的《关于进一步加强和改进新形势下高校宣传思想工作的意见》也明确提出,"切实加强校园文化建设"。在校园文化中融入劳动教育能够潜移默化地使学生在心里种下热爱劳动的种子;充分结合劳动诸要素的校园文化也是具有中国特色、体现新时代要求的大学文化。

扎实推进劳动教育与校园文化相结合,要通过各种丰富灵活的方式手段,积极营造校园劳动文化景观和氛围;要积极开展劳动教育系列活动,通过各类学术和文化文体活动倡扬劳动精神、传递劳动情怀；要积极发挥劳动模范和大国工匠的榜样作用，围绕劳动模范和大国工匠精心策划相关活动，实现劳动模范和大国工匠进校园制度化、经常化、规范化，推动劳模精神、劳动精神和工匠精神在校园落地生根、开花结果。

一、学校公益服务

校园公共空间是大学生学习和生活的主要活动空间，干净整洁的校园环境能够营造良好的学习氛围和生活氛围。学校公益服务和大学生日常学习生活的联系最为紧密。因此，新时代大学生积极参加校园公共空间公益服务是贯彻党的教育方针和劳动教育的重要内容之一，有利于大学生增强劳动观念和集体主义观念。校园净化、绿化、美化劳动是校园基础设施建设和校园文化建设的重要组成部分。大学生积极参加校园净化、绿化、美化劳动，能够进一步优化学习和生活环境，让大学生道德情操和思想品德在优美的校园环境中得到熏陶和升华。

校园净化劳动是校园环境综合整治的重要内容之一。校园净化劳动的开展能够彻底改善校园内部环境卫生状况，让交通工具和学习用具有序摆放，公共场地干净整洁，让乱写乱画、乱贴乱挂等现象不再发生，能够让校园形象更美，校园环境更优，校园品位更高。校园净化劳动可以从以下几个方面进行。第一，积极参与校园周边环境的治理工作。第二，积极参与校园环境综合整治。彻底改善校园内部环境，对在校园里随意张贴小广告现象进行制止，对乱贴乱挂的小广告进行清理。第三，积极参加"净化校园"主题演讲和宣传工作，通过专题活动、实践演练、课堂宣讲等形式，运用网络媒体等宣传方式积极主动做好"净化校园"教育工作。

校园绿化是高校精神文明创建工作的重要组成部分，直接反映高校的文化底蕴，彰显文化内涵，对营造良好的校园环境具有重要作用。校园绿化劳动可以从以下几个方面进行。第一，参与校园绿化整体设计和规划，结合学校的地理位置和区域特点，结合学校的校风、教风和学风，科学规划每个区域的绿化工作，制订出合理的实施方案。第二，大学生可根据季节时令，参与校园植被绿化养护,包括苗木修剪、抗旱补水、松土施肥、补植、冬季涂白、防寒包裹、病虫害防治等工作;如果遭遇雨雪、台风等恶劣天气,需要及时扶正倒伏苗木。第三,大学生可参与维护和完善绿化供水设施。利用课余时间,及时观测绿化供水设施,查找供水系统问题,以便及时维护灌溉设施,为校园绿化提供正常用水。大学生积极参与校园绿化工作,全面实施精细化管护,能够不断提升校园绿化品质和景观效果,为师生创建优美舒适的校园环境,切实提升师生的幸福感和获得感。

校园环境美化对大学生文化素质教育有着不可替代的推动作用。大学生参加校园美化劳动,不仅能够提升自身的审美水平,还能增强校园归属感,有助于高校教学和管理工作的顺利开展。校园美化劳动多种多样,总体来说可分为三大类:第一,教学楼、寝室外部美化劳动;第二,教室内部美化劳动;第三,寝室内部美化劳动。

二、高校勤工助学

勤工助学由学校统一组织和管理,它一方面是资助家庭经济困难学生的有效途径;另一方面是提高大学生综合素质,培养大学生劳动技能,促进大学生劳动教育落地开花的重要形式。通过勤工助学型劳动实践,可以帮助学生树立正确的人生观、价值观,摆脱"等、靠、要"的心理,树立起自立自强的劳动精神。

(一)高校勤工助学的概念

教育部、财政部2018年修订的《高等学校勤工助学管理办法》规定:勤工助学活动是指学生在学校的组织下利用课余时间,通过劳动取得合法报酬,用于改善学习和生活条件的实践活动。

勤工助学是学生资助工作的重要组成部分,是提高学生综合素质和资助家庭经济困难学生的有效途径,也是实现全程育人、全方位育人的有效手段。勤工助学活动应坚持"立足校园、服务社会"的宗旨,按照学有余力、自愿申请、信息公开、扶困优先、竞争上岗、遵纪守法的原则,在不影响正常教学秩序和学生正常学习的前提下有组织地开展。

高校应根据自身特点不断拓展勤工助学的内涵,将勤工助学作为发挥学校育人功能、培养学生创新创业精神、创新人才培养模式的重要方式。大学生可以通过勤工助学磨炼自己坚韧的意志力,学会自立自强。

(二)勤工助学的设岗原则

积极开发校内资源,保证满足学生参与勤工助学的需要。以每个家庭经济困难的学生月平均上岗工时原则上不低于20小时为标准,学校有关部门测算出学期内全校每月需要的勤工助学总工时数(20工时×家庭经济困难学生总数),统筹安排、设置校内勤工助学岗位。学生参加勤工助学的时间原则上每周不超过8小时,每月不超过40小时。寒暑假勤工助学时间可根据学校的具体情况适当延长。高校不得组织学生参加有毒、有害和危险的生产作业以及超过学生身体承受能力、有碍学生身心健康的劳动。

(三)勤工助学设岗类型

勤工助学岗位分固定岗位和临时岗位。固定岗位是指持续一个学期以上的长期性岗位和寒暑假期间的连续性岗位;临时岗位是指不具有长期性,通过一次或几次勤工助学活动即完成任务的工作岗位。

校内勤工助学岗位设置一般以校内教务助理、学工助理、行政管理助理、学工助理及学校公共服务(如食堂服务、多媒体教室管理、图书馆服务等)为主,在"大众创业,万众创新"的背景下,还可以开发与专业相结合、与产业相匹配的创业创新型勤工助学岗位。学生可通过学校网站查看具体岗位的设置信息。

(四)勤工助学酬金标准及支付

校内固定岗位按月计酬。原则上,计酬以每月40个工时的酬金不低于当地政府或有关部门制定的最低工资标准或居民最低生活保障标准为依据,可适当上下浮动。

校内临时岗位按小时计酬。每小时酬金可参照学校所在地政府或有关部门规定的最低小时工资标准进行合理设置。《高等学校勤工助学管理办法》明确规定将大学生参加校内勤工助学临时岗位的时薪,从2007年的不低于每小时8元提高到不低于每小时12元。

学生参与校内非营利性单位的勤工助学活动,其劳动报酬由勤工助学管理服务组织从勤工助学专项资金中支付;学生参与校内营利性单位或有专门经费资助的勤工助学活动,其劳动报酬原则上由用人单位支付或从项目经费中支出。

(五)校外勤工助学活动管理

学生在校外开展勤工助学活动时,勤工助学管理服务组织应当经学校授权,代表学校与用人单位和学生三方签订具有法律效力的协议书。签订协议书并办理相关聘用手续后,学生方可开展勤工助学活动。学生参加校外勤工助学,其劳动报酬由校外用人单位按协议支付。

三、职业技能竞赛

职业院校的职业技能竞赛是全面提升技术技能人才培养质量,在全社会弘扬精益求精的工匠精神,激励广大学生走技能成才、技能报国之路的重要手段和途径。

(一)帮助大学生提高综合素质

最好的技能源于实战,最好的经验在实际的场景中才能得到积累。职业技能竞赛对培养专业人才具有重要的意义。职业技能竞赛可以提高大学生的综合素质,帮助大学生将理论知识与实践相结合,加深大学生对理论知识的理解,并在一定程度上培养大学生的创新能力、实践能力和团队合作能力。同时,职业技能竞赛可以促进学校与行业之间的交流与合作,促进教育改革,而教育改革的成果又可以丰富和创新技能竞赛的内涵,构建人才培养的三维模式,从而培养出知识结构合理、基础工作意识强、技能水平高、创新能力强的高素质人才。

(二)帮助大学生进一步明确发展目标

职业技能竞赛的赛项是根据目前社会发展的实际情况,结合经济领域需要的职业技能素质设计的。大学生通过参加职业技能竞赛,能够了解社

【拓展阅读】青春故事—马宏达：冠军并非"刮泥子"那么简单

会和企业的用人需求,了解新技术、新工艺的发展状况。职业技能竞赛是提高大学生综合职业能力和就业竞争力的重要手段,能够激发大学生的学习积极性和主动性,激励大学生努力成为能够将理论知识和实践知识相结合的人才。

(三) 帮助大学生发现学习中存在的问题

职业技能竞赛采用多元化的竞赛形式,要求参赛人员具有较高的理论知识水平、较强的操作技能及良好的职业素质。因此,参加职业技能竞赛的大学生不仅要注重理论知识的积累,更要注重实践能力和综合能力的运用。同时,大学生在竞赛过程中要有良好的组织协调能力、清晰的语言表达能力和灵活的应变能力。职业技能竞赛多元的形式和完善的评价标准可以检验出大学生的学习效果,实现以赛促学、以赛代练、以赛促改。大学生可以通过对竞赛结果的分析,发现自己存在的问题,从而改进。

课后思考

1. 劳动精神在马克思主义理论中的地位和作用是什么？思考劳动精神如何体现马克思主义关于人的全面发展和社会进步的思想,以及它在构建社会主义精神文明中的重要作用。

2. 劳模精神、劳动精神、工匠精神之间有何内在联系？分析这三种精神在内涵、表现及传承上的共同点与差异,探讨它们如何共同构成了中国特色社会主义劳动精神体系。

3. 劳动精神的地域传承有何特点？以湖湘文化为例。分析湖湘文化中自强不息、经世致用、敢为人先等精神特质如何体现在劳动精神中,并探讨这些地域文化对劳动精神传承的影响。

4. 学校公益服务在弘扬劳动精神中的作用是什么？讨论学校公益服务如何作为劳动教育的重要形式,培养学生的劳动观念、集体主义精神和责任感,进而弘扬劳动精神。

5. 勤工助学活动如何促进劳动精神的发扬？分析勤工助学活动在帮助

学生树立自立自强意识、提高劳动技能、增强社会责任感等方面的作用,以及它对劳动精神传承的积极影响。

6.职业技能竞赛在弘扬工匠精神中的作用及挑战是什么? 探讨职业技能竞赛如何作为提升学生技能水平、激发创新精神、弘扬工匠精神的重要平台,并分析当前职业技能竞赛面临的挑战及改进措施。

第四章　劳动能力

学习目标

1. 理解劳动能力的重要性与形成途径。

2. 掌握生活自理能力的基本要素。

3. 提升职业适应能力,适应现代职场需求。

4. 明确职场能力的分类与要求。

5. 掌握数字工具使用能力,适应数字化时代需求。

知识图谱

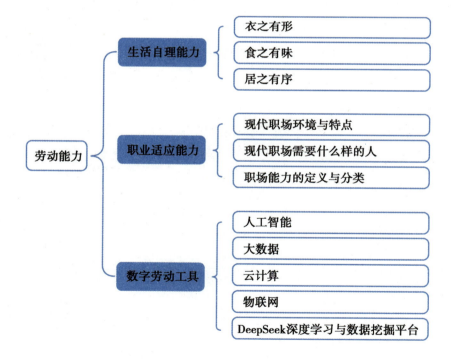

一个人要获得劳动能力，就需要在实践中反复锻炼。正如下水人才能游泳，人们在完成劳动的过程中才能形成具体的劳动能力。要较好完成劳动任务，除了要有主动、积极的劳动态度，还需要具备必要的知识技能和计划能力。获得劳动能力需要通过参与各种不同形式的劳动活动去锻炼，比如通过承担洗衣服、整理房间、维修电器或家具等生活劳动，或者结合专业开展职业劳动来提升基本能力。此外，还可以在劳动过程中有意识地积累知识，练习技能，锻炼制订计划的能力。从人类发展史来看，劳动能力不仅是个人发展的需要，也是国家发展的基石。即便是在信息化、智能化时代，国家的繁荣和人类的进步，仍然需要各行各业的劳动者掌握使用智能化工具的知识和技能。

能力是指完成一定活动的本领，是一种力量，具体表现在人们掌握知识、技能等的难易、快慢、深浅程度和巩固程度，以及运用知识解决实际问题等方面。针对某项活动具备越多的知识、技能和态度，就越可能形成某种能力。知识、技能和态度是获得能力的基础，能力是在学习或练习的过程中发展起来的。具备一定能力的人通过思考和行动，能够改造我们的生活世界和职业世界。劳动者通过劳动能力改变生活或改造世界。

劳动能力主要是指从事劳动所必备的知识、技能和态度，以及综合运用这些知识、技能和态度去解决问题的能力。要胜任劳动总是需要具备一定的劳动能力，比如认识、记忆和理解劳动工具，熟悉劳动情景，熟练地运用技能完成劳动，热情积极地投入劳动等，这是完成劳动任务的前提。人活在这个世界上，有两方面的劳动能力是不可或缺的，一是生活自理的能力，二是获取支撑生存的收入来源的能力，也称之为职业适应能力。其中，与吃饭、穿衣等生活活动相关的能力称为生活自理能力，与建筑工人、管道工人、教师、医生等职业活动相关的能力称为职业适应能力。生活自理能力是从生活经验中获得的，其获取方式相对简单。职业适应能力一般指能认识和使用专业化的劳动工具，熟悉劳动过程、运用劳动方法等。这些劳动能力只有在工作过程中才能形成，其获取方式相对复杂。

劳动能力总是和完成某种实际任务相关联，并在完成任务的过程中得以体现,这是一种实际做事的能力,需要充分锻炼。比如生活劳动工具,只有亲自使用家用五金工具和厨房用具,在实际使用工具的过程中才能发现问题、解决问题,掌握其中的操作过程、操作规范和注意事项。职业劳动工具更强调系统化的理解或操作。比如,无论是建筑工人还是医生,若非经过无数次实践练习,势必缺乏熟练完成本职工作的能力。

第一节　生活自理能力

【案例导读】

需要保姆照顾的大学生

2020年1月,湖北省襄阳市的刘女士在朋友圈招聘能照顾大一女儿生活起居的保姆引发网友热议。刘女士称自己平时很忙,没有时间照顾女儿,而女儿虽然上大学了,但是从小没有做过家务,所以想找一个保姆照顾她,并说周围像女儿这样从小没有做过家务的大学生挺多的。她的招聘要求不高,希望保姆会做家常菜,主要工作内容是洗衣做饭,收拾房间卫生,照顾日常生活。

分析:家庭劳动和各种学校课程一样,都应当属于从小就要学习的必修课。人生活在社会中需要具备一定的生活自理能力,这些能力的缺失对个人未来的发展极为不利。现在不少父母溺爱孩子,导致孩子在成长过程中缺乏基础的劳动能力,无法料理自己的生活而丧失了劳动能力。

人需要树立独立生活的意识,发展独立生活的能力。到了应该独立生活的年龄,还依靠他人生活是可耻的,即使只是依靠自己的父母也是可耻的。中国长期受"万般皆下品,唯有读书高"这种价值观的影响,父母便错误地以为,只要孩子把书念好,将来能考上名牌大学,做"人上人",一切问题就解决了。然而,这种片面的教育观念往往忽视了孩子全面发展的重要性,导致了许多令人痛心的案例。因此,作为父母和教育者,我们应该摒弃"万般皆下品,唯有读书高"的陈旧观念,注重孩子的全面发展;作为当代大学生,我们要看到这个危害,提高自己的综合素质,我们才能在未来的生活中独立自主、自信自强地面对各种挑战和困难。

生活自理，说得直白一点，就是一个人能做简单的饭菜，能独立出行，能打理个人卫生，有语言表达和情感交流的能力……如果要求更高些，能把自己的衣食住行安排得更具体，待人接物有礼貌，有业余爱好，能规划履行，能合理化生活开支，让自己过上更高品质的生活。生活自理我们可以根据衣食住行分为衣之有形、食之有味、居之有序。

一、衣之有形

【案例导读】

> ### 南开学校的"容止格言"
>
> 在南开学校东楼走廊内，竖立着一面大立镜，立镜上方，有刻在木匾上的"容止格言"。容止格言共四十八字，由教育家、南开学校的创始人严范孙先生亲自书写。全文如下：
>
> **面必净，发必理，衣必整，纽必结；头容正，肩容平，胸容宽，背容直；气象勿傲、勿暴、勿怠；颜色宜和、宜静、宜庄。**
>
> 意思是说，作为一名学生，脸一定要洗干净，头发一定要梳理整齐，衣服一定要穿整洁，纽扣一定要系上。头要放正，双肩要平，胸要挺起，后背要直。气象，是指精神面貌，不要骄傲，不要浮躁，不要懈怠；颜色，是指仪容举止，应该温和，应该安静，应该庄重。
>
> 南开学校的同学们每天来上学，都要根据容止格言的规定，面对大立镜检查自己的仪容与举止。正是南开学校这种严格的要求和锻炼，培养了周恩来高尚的精神和动人的风采。作为南开的学生，周恩来终其一生，都始终保持着这种从外表到内心完全一致的形象和气质。

（一）着装与仪表的重要性

中国有"文质彬彬，然后君子"的古训，仪容仪表是个人涵养的外在表现，在与人交往的过程中，这是一张没有文字却形象生动的名片。美国著名形象设计师莫利先生曾对美国财富非行榜前300位中的100位执行总裁进行调查,调查结果显示:97%的人认为,懂得并能够展示外表魅力的人在公司中有更多的升迁机会;93%的人相信在首次面试中,应聘者会由于不合适的穿着而被拒绝录用;92%的人表明不会选用不懂穿着的人做自己的助手。

日常生活中,保持整洁得体的着装和端庄大方的仪表,不仅是对他人的尊重,更是对自我劳动成果的珍惜。通过每天的衣物整理、个人卫生维护等日常劳动,我们能够培养出良好的劳动习惯和自我管理能力。这样的习惯不仅关乎个人形象的提升,更关乎生活品质的追求。因此,注重着装与仪表,不仅是对外在美的追求,更是对内在劳动品质的展现,它要求我们在日常生活中时刻关注自己的形象,通过劳动来塑造更加美好的自己。

(二)着装的基本原则

着装一般遵循整洁合体、搭配协调、体现个性、扬长避短、随境而变、遵守常规的基本原则。

整洁合体是指服装要保持干净整洁,熨烫平整,穿着合体。搭配协调是指服装的款式、色彩、配饰要相互协调,全身上下的颜色不宜超过三种。不同款式、风格的服装,不应搭配在一起。体现个性是指服装要与个人性格、职业、身份、体型和肤色等特质相适应。扬长避短是指没有绝对完美的身材,而服装对人的意义在于遮蔽人体的缺陷,衬托人体的曲线美。随境而变是指着装应该随着环境的不同而有所变化。同一个人在不同时间、不同场合,其着装款式和风格也应有所不同。遵守常规是指遵循约定俗成的着装规范。例如,西装应在拆除袖口上的商标之后穿着,西装口袋不应存放随身物件等。

在不同的场合,应有不同的着装规范。比如公务场合的着装应庄重大方,宜穿套装、套裙,以及制服。除此之外还可以考虑选择长裤、长裙和长袖衬衫,不宜穿时装、便装。必须注意在非常重要的场合,短袖衬衫不适合作为正装来选择。在社交场合的着装基本要求是:时尚个性,宜穿着礼服、时装、民族服装。必须强调在这种社交场合一般不适合选择过分庄重保守的服装,比如穿着制服去参加舞会、宴会、音乐会,就往往和周边环境不大协调了。在休闲场合则追求舒适自然。人们适合选择的服装有运动装、牛仔装、沙滩装以及各种非正式的便装,比如T恤、短裤、凉鞋、拖鞋等。

(三) 着装应尊重文化差异

在全球化的今天,我们生活在一个多元文化交织的世界里。不同的国家和地区,由于历史、地理、宗教、社会结构等多种因素的影响,形成了各具特色的着装文化和礼仪规范。了解这些文化差异,不仅有助于我们拓宽视野,更能促进跨文化交流中的和谐与尊重。

在中国,传统服饰如汉服、唐装等,承载着深厚的文化底蕴和历史传承。这些服饰不仅注重色彩、图案和款式的搭配,更蕴含着丰富的象征意义和礼仪规范。例如,汉服讲究宽袍大袖、衣袂飘飘,体现了古代中国人的审美追求和礼仪风范。而在西方,西装、礼服等则是正式场合的标配,它们的设计简洁大方,注重剪裁和线条感,展现了西方文化的严谨和理性。除了传统服饰,现代着装也深受文化影响。例如,在阿拉伯国家,女性穿着长袍和头巾是尊重当地文化和宗教习俗的表现;而在印度,男性穿着传统的库塔和纱丽,则是展示民族特色和文化自信的方式。这些不同的着装习惯,都反映了各自文化的独特魅力和价值观。

莎士比亚说:"一个人的穿着打扮是他自身修养的最形象的说明。"着装是一种无声的语言,它显示着一个人的个性、身份、教养、经济状况、审美水平及心理状态等多种信息。郭沫若说:"从人们对服装的选择,可以窥测到他的文化水平和道德修养的底蕴。"在人际交往中,着装直接影响到他人对我们的第一印象,关系到对我们个人形象的评价。

二、食之有味

【案例导读】

大学生外卖那些事儿

随着美团外卖、饿了么等网上订餐平台的普及,餐饮行业迎来了新的行业格局,外卖消费已经融入大学生的日常生活,逐渐成为大学生的经常性行为。许多高校周围都存在着"外卖经济圈"现象,不少餐饮店铺完全依赖外卖而生存。根据"美团"的数据:校园是三大市场之一,其中,午餐和晚餐需求量最大,午餐占比达43%、晚餐占比为29%。

大学生是一群特殊的消费群体,他们消费观念超前而消费能力不足,其外卖消费行为具有以下特点:

追随时代潮流。大学生往往都走在时代潮流的前沿,他们思想开放,更容易接受新兴的事物,有时更会成为新事物流行的推动者。因此,当校园网上订餐出现时,其新颖性立刻吸引了大学生群体,同时,其简单便捷的订餐方式也确确实实便利了大学生的日常生活。

追求效用最大化。影响外卖消费的主要因素包括:价格、质量和购买力。在大学生群体里价格是最主要的影响因素,因为大学生的总体经济水平不高,经济来源大都是依靠父母,对于相同的食品,花费的价格越低,效用就越大。许多外卖商家便利用了这一心理,利用满减红包、团购价等方式降低商品价格获得大学生外卖消费的竞争优势。

饮食控制力较弱。饮食时间的不规律和对订餐时间的管理缺陷是大学生饮食控制力较弱的主要表现。"晚睡晚起"是大学生非学习日的生活常态,校园网上订餐的普及使得消费者足不出户就可以随时订购美食,但这也为大学生三餐不规律提供了有利条件。不仅如此,有的大学生还会利用上课时间进行选餐、订餐、抢红包等活动,导致课堂效率和学习质量大大降低。

虽然外卖能满足大学生的饮食需求,但是外卖也存在很多隐患。比如质量难以保证、营养不够均衡、食品包装造成白色污染和资源浪费等。因此,外卖虽称心,但不可贪多!

思考:依赖外卖的生活方式可能带来哪些健康问题和社会影响?

"民以食为天",食是最重要的,俗语"人生万事,吃饭第一"充分说明了吃的重要性。但是,要想吃必须先学会"做",做饭这样的"小事",常常也是考验我们独立生活能力的"大事"。它不仅是一项生活技能,更能让我们享受烹饪的乐趣,用美食调剂生活。

(一)日常烹饪能力的重要性

在快节奏的现代生活中,烹饪能力作为日常生活的一项基本技能,其重要性愈发凸显。它不仅是满足基本生理需求的手段，更是提升生活品质、促进身心健康的关键。烹饪能力让我们能够亲手制作美味可口的饭菜，确保食材的新鲜与营养。通过自己烹饪，我们能够根据个人的口味偏好和营养需求，灵活调整食材和烹饪方法，制作出既健康又美味的佳肴。这种能力不仅满足了我们的口腹之欲，更在无形中提升了我们的生活品质。亲手烹饪的饭菜，往往蕴含着家的味道和情感的温度，让我们在忙碌的生活中找到一份归属感和幸福感。

（二）现代的健康饮食理念

在日常生活中，均衡膳食是保持身体健康的基础，它关乎我们每天所摄入的营养成分是否全面、均衡。均衡膳食的原则要求我们合理搭配碳水化合物、蛋白质、脂肪、维生素和矿物质，确保身体得到全面的营养支持。

碳水化合物是我们身体的主要能量来源，它们为日常活动提供所需的热量。然而，过量的精制碳水化合物（如白面包、糖果等）可能导致血糖波动和体重增加。因此，我们应选择全谷物、蔬菜等富含复合碳水化合物的食物，它们不仅能提供持久的能量，还有助于维持血糖稳定。蛋白质是身体细胞和组织的重要组成成分，对于维持肌肉健康、促进生长发育至关重要。优质蛋白质来源包括肉类、鱼类、豆类、坚果和乳制品等。我们应确保每餐都有适量的蛋白质摄入，以满足身体的日常需求。脂肪也是身体必需的营养素之一，它们为身体提供能量，并帮助身体吸收某些维生素。然而，过量的饱和脂肪和反式脂肪可能增加患心血管疾病的风险。因此，我们应选择富含不饱和脂肪的食物，如橄榄油、鱼类和坚果等。维生素和矿物质在身体的新陈代谢、免疫系统和神经系统等方面发挥着重要作用。虽然人们对于它们的需求量不大，但缺乏时却可能导致各种健康问题。因此，我们应确保饮食中富含各种蔬菜和水果，以获取足够的维生素和矿物质。

（三）烹饪的基本能力

烹饪是一门既实用又充满乐趣的生活艺术，它要求我们具备扎实的烹饪基本能力。首先，认识食材与厨具是烹饪的基础，我们需要了解常见食材的营养价值与选购技巧,掌握基本厨具的使用方法与保养知识,这样才能在烹饪时得心应手。其次,掌握基本烹饪技能是烹饪的关键,通过学习切菜、炒菜、炖煮、烘焙等技巧,我们能够制作出各种美味佳肴。在烹饪过程中,安全注意事项不容忽视,确保自己和他人的安全是每位烹饪者的责任。此外,买菜也是烹饪不可或缺的一环,了解不同市场与超市的特点与优势,学会根据季节和预算选择合适的购买地点,以及掌握挑选新鲜食材的技巧,都是提升烹饪品质的重要保障。只有具备了这些基本能力,我们才能真正享受烹饪带来的乐趣,制作出既美味又健康的佳肴。

(四)中国饮食文化的特色

中国饮食文化是中华民族在漫长历史长河中积淀而成的瑰宝,它涵盖了食材的精心挑选、烹饪技艺的细腻精湛以及饮食习俗的丰富多彩。从南到北,从东到西,中国各地的饮食文化各具特色,形成了各具风味的饮食图谱。食材的新鲜与多样是中国饮食文化的基础,而烹饪技艺的精湛与细腻则是其灵魂。厨师们通过巧妙的色彩搭配、香气的调和、味道的层次感以及形状的精巧设计,将每一道菜肴都打造成一件艺术品,让人在品尝美味的同时,也能感受到视觉与味觉的双重享受。

此外,中国饮食文化还讲究"时令而食""药食同源",强调根据季节和气候的变化选择相应的食材和烹饪方法,以达到最佳的食用效果。同时,八大菜系如鲁菜的咸鲜醇厚、川菜的麻辣鲜香、粤菜的清淡鲜美等,更是展现了中国饮食文化的多样性和包容性。除了这些著名的菜系,中国各地还有众多独具特色的地方小吃和街头美食,如北京的炸酱面、天津的狗不理包子、重庆的火锅等,它们不仅味道独特,更蕴含着丰富的地域文化和历史传承。总之,中国饮食文化以其独特的风味、丰富的种类和深厚的文化底蕴,成为中华民族智慧与创造力的象征,也是世界饮食文化宝库中的一颗璀璨明珠。

【拓展阅读】《舌尖上的中国》纪录片

三、居之有序

(一)日常整理收拾在生活中的重要性

日常整理收拾在生活中扮演着至关重要的角色,它不仅关乎居住环境的整洁与有序，更直接影响到我们的身心健康。《朱子家训》写道："黎明即起，洒扫庭除，要内外整洁；既昏便息，关锁门户，必亲自检点。"这句话反映了与人们日常生活息息相关的时间有序性和空间有序性。一个整洁有序的生活环境能够显著提升居住舒适度，让我们的心灵得到放松，从而提升生活品质。同时，整理收拾的过程也是一种心灵的疗愈，它能够帮助我们缓解焦虑、减轻心理压力，让我们在忙碌的生活中找到一份宁静与平和。更重要的是，通过持续的整理收拾，我们能够培养出自律精神，这种精神不仅有助于我们保持居住环境的整洁，更能在未来的生活和工作中发挥积极作用，让我们更加有序、高效地应对各种挑战。因此，学会如何做到居之有序，是我们提升生活品质、促进身心健康的重要途径。

（二）日常整理收拾的基本原则

分类整理是整理收拾的第一步，也是最为关键的一步。我们需要根据物品的功能、用途或季节等因素进行分类。例如，将衣物按季节分为春夏秋冬四季，将厨房用具按烹饪流程分为烹饪前准备、烹饪中使用、烹饪后清洁等类别。通过分类，我们可以更清晰地了解每件物品的归属，便于日后的取用和归位。

定期清理是保持居住环境整洁有序的关键。我们需要制订一个合理的清理计划，如每周或每月对居住空间进行一次全面清理。在清理过程中，不仅要关注表面的灰尘和杂物，更要深入检查每个角落，清理出不再需要或已经过时的物品。通过定期清理，我们可以避免物品的堆积和杂乱，让居住空间更加宽敞明亮。

"断舍离"是一种现代整理理念，它强调通过舍弃不必要的物品，减少物质上的负担，从而让生活更加简约和有序。在整理收拾的过程中，我们需要学会运用"断舍离"的理念，审视每一件物品的价值和意义。对于那些不再需要或已经过时的物品，我们要勇于舍弃，避免它们占用我们的空间和精力。通过"断舍离"，我们可以更加专注于真正重要的物品，让生活更加简单和纯粹。

（三）居住空间的日常整理及习惯养成

1. 公共空间的日常整理及习惯养成

教室是我们学习的主要场所，其整洁与否直接影响我们的学习效率。课桌椅摆放整齐，保持通道畅通；桌面保持整洁，避免堆放过多物品；定期清洁教室，维护良好的学习环境。同时，我们也应养成良好的学习习惯，如上课前准备好学习用品，下课后及时整理桌面，将垃圾带走等。

2. 家居空间的日常整理及习惯养成

【拓展阅读】21
天断舍离心法：
开启极简生活
新篇章

家居空间的日常整理及习惯养成是提升居住品质和生活幸福感的关键。卧室需保持整洁，定期更换床单被罩，衣物分类收纳；客厅要营造温馨氛围，家具实用美观，定期清洁；厨房注重饮食健康，用具分类收纳，食材保鲜分类，定期清洁；卫生间维护良好卫生，用品分类摆放，定期清洁通风。通过养成良好的整理习惯，我们能为家人营造一个更加舒适、整洁、健康的家居环境。

美国印第安纳大学副教授妮科尔·基思研究发现，家居整洁的人比家里乱成一团的人身体更健康，也更有活力。《人格与社会心理学报告》一项研究显示，那些说家里很乱、很多东西没收拾的女性更容易出现心情抑郁和身体疲倦，而且她们体内的应激激素氢化可的松的水平较高。美国国家睡眠基金会调查发现，每天早上整理床铺的人比不整理床铺的人在晚上睡好觉的比例高出19%；75%的人反映，刚洗过的床单令人感觉舒服，会让他们在晚上休息得更好。这些案例表明，保持居住空间整洁有序对身心健康有益。

第二节　职业适应能力

保证生活所需要的经济来源是劳动能力的另一个方面。财富不会从天而降，要靠双手和头脑去创造。随着现代劳动的复杂化，现代生活与现代职业对能力的要求越来越高。要胜任现代职业劳动，学生需要具备丰富的专业知识和各种技能，需要在实际劳动过程中积累知识和练习技能，以便锻炼劳动能力。

一、现代职场环境与特点

（一）科技的应用使人类劳动变得日益复杂

人类劳动变得日益复杂，劳动形态发生了翻天覆地的变化，无论是生活劳动还是职业劳动，都广泛地应用了科学技术。例如，在现代生活中，信息化设备已逐步成为日常必备品，智能家居设备也越来越普及。人们不再完全靠体力来完成家务劳动，而是通过与智能产品合作完成劳动任务，比如在生活中运用自动洗碗机和扫地机器人。现代职业劳动的变化尤其明显，在现代生产中，许多职业劳动逐步开始采用自动化设备甚至采用全自动的生产方式，服务业岗位也出现了具有一定智慧能力的智能会计、智慧金融客服等。传统的会计工作与柜台服务工作，转变成帮助客户与机器人互动的辅助性工作。

现代劳动的特征是大量运用科技知识。以科技为基础的现代劳动要求广大劳动者既要懂得科学技术知识，也要掌握现代生产的知识、技能，理解各行各业职业劳动的岗位特点。以服装产业为例，以往一件衣服制作的所有工作由一个人或少数几个人就能完成，现在生产一件衣服需要经过几十道工序，由很多不同岗位的人协作完成，生产过程涉及大量智能化设备操作、维护等方面的科学知识和技术知识。以交通运输业为例，新能源汽车逐步普及，也出现了无人驾驶汽车，要胜任与汽车维修和保养相关的职业岗位，就需要能理解并运用更多、更丰富的科学知识和技术知识。

（二）拥有知识是从事职业劳动的基础条件

现代社会产业高度分化，人类劳动因而越来越专业化。无论是生活劳动还是职业劳动都越来越需要专业知识来支撑。生活劳动主要通过观察和模仿来学习，相对简单，主要是需要端正的态度。职业劳动却越来越复杂，专业化程度日益增强，不仅需要态度，还需要足够的普通技能，能力要求更高的职业需要更多的文化知识和职业技能。

正如劳动力教育相关研究发现，个人在劳动力市场存在竞争优势模式。该模式中的水平一表示工作习惯、态度和普通技能等内容，缺乏这些基础性职业素养,劳动者难以获得工作岗位,这是胜任低技能或低工资工作的基本要求。水平二表示文化知识,技能要求较高或工资水平较高的工作,需要掌握一些文化知识,这说明胜任较高水平的岗位任务离不开文化知识。水平三表示专业技术技能,这说明获得高技能或高工资的岗位,需要更高水平的职业技能和文化知识。该模式说明,劳动者获得简单的工作,主要依靠态度的支撑;获得较复杂的工作,则需要以文化知识作为基础;获得更高工资水平的工作,还需要学习专业化的知识,训练相关技能。总之,劳动者要想获得劳动力市场的竞争优势,既要加强文化知识的学习,也要重视专业知识的学习,还要加强技能训练。

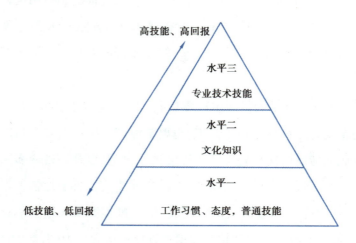

劳动力市场的竞争优势模式

(三)掌握技能是胜任职业劳动的重要前提

胜任职业劳动需要专门的技能。胜任职业劳动仅有知识是不够的,还需要作出产品,或者完成服务,在这个过程中所需的许多技能是在劳动过程中逐步形成的。有知识不等于有技能,更不等于有能力,个人从开始积累知识和具备技能到形成能力的过程还需要付出巨大的努力。因而,练习技能是胜任职业劳动的重要前提。形成劳动能力不能仅满足于知道或者理解劳动工具或劳动过程,还需要真实地执行与完成劳动任务,以便灵活应对职业劳动任务,锻炼劳动能力。

以要求较为严格的药品采购工作为例。药品采购工作的岗位能力看似仅需全面认识药品内容,懂一些基本的采购流程,而实际上,课堂中所学习的分析药品质量、价格和服务等因素,开发潜在供应商的内容,仅是一些药品采购的准备工作,要完成采购流程还需要药品采购合同的签订、执行,药品采购绩效评价,供应商管理等众多工作内容,需要多项岗位能力,每一项能力都能拆分为数条子级能力。这些能力并非通过单项技能训练或者掌握系统知识就能获得,而是需要在实际采购过程中反复实践、积累经验才能真正获得。

即便是各行各业都涉及的且工作内容相对简单的客服工作,也并非简单地通过学习教材,从理论上理解客户类型与诉求情况,或者明白整理客服数据的方法就能够胜任;要胜任这份工作,还需要在实际工作过程中,以正确的态度或心态对待各种客户投诉或举报,能有效地自我调节心情,能根据客服数据反馈主动判断并合理地撤销客户数据等,这些能力都需要在实际工作现场通过训练并逐步积累而形成。

二、现代职场需要什么样的人

在当今快速变化的职场环境中,企业对人才的需求日益多元化和精细化。了解职场需要什么样的人,对于提升个人的职业适应能力至关重要。通过分析近年的招聘启事发现,职场对人才的需求不再青睐单一技能的"工具人",而是追求复合型、适应性强的"问题解决者"。

(一) T型人才

"T型人才"的概念于1995年由哈佛商学院教授多萝西·伦纳德·巴顿(Dorothy Leonard Barton)在《知识之泉》(*Wellsprings of Knowledge*)一书中首次提出。她指出,如今像微软、IBM这样的科技巨头,所青睐的不仅是具备单一技能的工程师,而是那些拥有第三专长的复合型人才。"T型人才"的概念一经提出,便引起了广泛关注。

"一专"是立足之本,但"多能"才是竞争力。就像程序员需要懂一点心理学才能设计友好界面,护士可能需要了解基础营养学以指导患者康复。

（二）π型人才

《成长的边界》（*Range:Why Generalists Triumph in a Specialized World*）提出一个观点，即"在高度专业的社会里，通才，尤其是科技通才（Generalist），是更亟需的人才，他们现在已经大放异彩，未来也会越来越吃香"。什么样的人是科技通才？简而言之，不受专业领域局限，而且能够引领科技事业变革的人。有一个形象的比喻，那就是"π型人才"。

"π"的横，代表宽广的学科跨度，知识面广；而"π"的两竖，代表至少在两个领域有深刻的经历和造诣，精通到可以做专家。他们不仅在某一专业领域有着深厚的功底和扎实的技能，还跨越了领域的界限，掌握了其他相关或看似不相关的领域知识。这种跨界的知识组合，使得他们能够在不同领域之间架起桥梁，实现知识的融合与创新。如比尔·盖茨，跨界科技、法律、商业，乔布斯跨界科技、艺术，马斯克跨界科技、商业。

（三）情感智能者

有研究显示，职场晋升中，情商（EQ）的影响力是智商（IQ）的2.3倍。这一数据强有力地证明了，除专业技能和智力水平外，情商对于职场成功同样至关重要。高情商的员工擅长快速理解他人需求和情绪，察言观色，敏锐捕捉微妙变化，并及时作出恰当回应。在团队合作中，他们发挥着重要的协调作用，促进人际关系和谐。面对团队矛盾，他们能冷静分析，公正寻求解决方案，平衡各方利益，促成团队统一。因此，这类员工深受企业青睐，他们不仅能提升自身工作效率和竞争力，还能为团队带来积极影响，如同职场润滑剂，使合作更加顺畅紧密。在当今竞争变革的时代，成为"情感智能者"，提升情商，是职场成功的关键。

三、职场能力的定义与分类

（一）专业能力

专业能力是与个人所学专业或所从事职业紧密相关的技能和知识的综合体现，它是职场中最基础也是最重要的能力之一，对个体在特定领域内的工作效率和成果起着决定性作用。

专业能力的核心在于专业技能,这涵盖了个人所掌握的专业知识、技术操作以及问题解决方法等。以软件工程师为例,编程技能、算法设计和软件调试能力构成了其专业技能的重要组成部分,是其在职业领域中立足的根本。除了专业技能,专业能力还包含了对行业知识的深入了解。这包括所在市场的动态、行业的发展趋势以及竞争格局等。具备这些行业知识,有助于个体更好地适应行业变化,把握职业发展的机遇,从而在职业生涯中保持竞争优势。

【拓展阅读】邹彬:从砌墙工到世界技能大赛奖牌得主,以专业技能铸就辉煌

专业能力是职场竞争力的基石,它不仅体现在专业技能的熟练掌握上,还体现在对行业知识的深入了解上。不断提升专业能力,有助于个体在职业生涯中保持领先地位,实现持续的职业成长和发展。

(二) 通用能力

通用能力也称为可迁移能力,是那些跨越不同职业和领域都能发挥重要作用的能力。这些能力对于职场的成功至关重要,因为它们不仅影响着个体在团队中的协作效率,还决定着其创新能力,从而间接地推动职业发展的广度和深度。

团队协作能力和沟通能力是通用能力中的重要一环。在职场中,几乎没有人能够独立地完成所有工作,因此,与他人有效沟通、协调不同意见、共同解决问题等团队协作能力显得尤为重要。这些能力使得个体能够在团队中发挥积极作用,促进团队的整体效率和和谐氛围。

创新精神同样是通用能力中不可或缺的一部分。面对日益激烈的市场竞争和不断变化的行业环境,创新能力成为职场中的核心竞争力。具备创新精神的个体能够不断提出新思路、新方法,勇于尝试新事物,从而推动组织不断前进,保持竞争优势。

(三) 自我管理能力

自我管理能力乃职场中的"内功",它深深植根于人的品质和态度之中,是职场人士不可或缺的内在修养。这一能力不仅关乎个人对单位的忠诚、

对社会的责任感,更体现在为人的诚信、主动积极的态度、严谨踏实的工作作风以及勤奋不懈的努力上。

严谨踏实,是自我管理能力的一种重要体现。在工作中,我们要以严谨的态度对待每一个细节,确保工作的准确性和可靠性。同时,我们还要脚踏实地,一步一个脚印地前进,不浮躁、不虚荣,用实际行动证明自己的价值。勤勉工作,则是自我管理能力的核心所在。在职场中,只有不断努力、勤奋工作,才能取得更好的成绩和更大的进步。我们要时刻保持对工作的热情和投入,用实际行动诠释"勤奋"的真谛。

自我管理能力,既包括自己应该如何做人,也包括自己与外部世界的相互关系。它像一句古老的格言"修身、齐家、治国、平天下",提醒我们要先修炼好自身,才能更好地处理与家庭、社会乃至国家的关系。在职场中,只有具备了强大的自我管理能力,才能更好地适应环境、应对挑战,实现个人价值和社会价值的统一。

【拓展阅读】全红婵:自律铸就跳水冠军之路,巴黎奥运再续辉煌

第三节　数字劳动工具

"工欲善其事,必先利其器"反映了人们对人的劳动与工具的关系的朴素认识。科技发展日新月异,随着互联网、大数据、云计算、人工智能等信息技术的不断突破和创新,数字化已成为全球性的趋势,各国都在积极推动数字化转型,以数字技术为驱动,推动经济、社会、文化等各领域的全面发展。数字技术已如细雨般渗透到生活的方方面面。掌握数字劳动工具,不仅对个人的日常生活有着深远的影响,更在职业适应和发展中扮演着至关重要的角色,这一能力已成为现代建设中不可或缺的一部分,尤其是在产业转型升级的大背景下,其重要性愈发凸显。我们应该积极学习和掌握常用的数字劳动工具,以适应数字化时代的发展需求。

一、人工智能

人工智能是运用先进的技术使原本的机械或设备智能化,它在当今社

会中起着重要的作用,能够在全网范围内进行数据的搜集与整理,并辅助人们解决生活中遇到的各类问题。人工智能可分为多种类型,例如,广泛搜集与精确分析数据,得出供人们参考的分析结果,而且人们可以根据此分析结果制订方案或作出决策,使得所制订的方案或作出的决策更具实用性,这类人工智能被称为分析型人工智能;还有一种是人类启发型人工智能,顾名思义,这种人工智能除了具备一定的数据处理能力,还具备了简单的人类情感,能够模仿人类的学习和情感应用,深受人们的喜爱。

人工智能技术的发展经历了三次浪潮,大模型和生成式人工智能作为第四次浪潮的典型代表,已经展示出强大的应用潜力。人工智能作为强大的生产工具,已经使人类劳动出现了深刻变化。

二、大数据

大数据,简单理解就是数据的集合。随着计算机网络与媒体技术的发展与应用,数字化进程不断加快,产生了大量的数据信息,同时,各个领域的跨界沟通与交流或者人们的日常交流都会导致数据量急剧增加,数据量庞大而复杂是大数据的主要特点。在现代信息社会中,信息种类繁多,导致大数据具有数据形式多样化的特点。大数据不仅包含传统意义上的数字或文字的数据形式,更涵盖了音频、视频数据等形式的数据资料,此类资料给人以直观的感受,体现了数据信息的发展趋势,使得各个领域都能根据数据信息进行企业政策或企业方针的制定与修改。大量的数据信息能够帮助人们了解市场行情、判断市场发展趋势,但如果数据的收集或传输滞后,那么该数据对企业的帮助也就十分有限,甚至还可能阻碍企业发展。但大数据能够很好地避免此种情况的发生,因为其具有实时性,方便人们实时掌握数据。

在数字经济时代,算力就是生产力,当前我国大数据产业已形成政策引领、理念先行、技术支撑、安全护航的健康发展格局,大数据赋能实体经济,构建了我国数据交易市场新格局,促进了工业领域新发展,推动了数字经济与实体经济深度融合。

三、云计算

云计算是近几年应用最为广泛的一种计算方式,被广泛应用于气候及市场发展趋势的预测等领域,其工作原理是将计算程序进行分解,通过网络技术形成分布式的数据计算方式。现阶段,云计算的速度可以达到十万亿次每秒。与此同时,云计算涉及的数据量较大,数据形式多种多样,因此云计算还包含了数据分布存储技术。在云计算中引用数据分布存储技术,不仅能够有效提升云计算的数据存储量,更便于人们对数据进行提取和分析,使人们体验到的网络服务更加富有个性。此外,云计算还通过引用虚拟化技术使得计算效率大幅提升,节约了资源。在信息化社会背景下,保证数据的安全性是技术发展与应用的前提,云计算为了保证数据的安全,引用了安全管理技术。通过安全管理技术,云计算能够最大程度地避免信息泄露或遭受攻击,提高数据信息管理的科学性和规范性。云计算实际上采用的是一种数据资源共享机制,保证了用户访问数据的及时性和稳定性,而且能够最大限度地降低用户成本。目前,我国云计算市场仍处于爆发式增长阶段,出现了一批包括移动云在内的云计算大公司。

四、物联网

物联网即物物相连,万物互联。物联网的相关技术包括激光扫描技术、射频识别技术、全球定位技术、信息传感技术等。物联网是在这些技术的基础上,采集物品的各种信息,接入互联网,实现物与物、物与人的连接。物联网的基本特征是整体感知、可靠传输和智能处理,能够实现对物品的感知、识别、定位和跟踪,以及对过程的监控和管理。物联网技术的发展使产业数字化加快、生活智慧化提速。在上海市的洋山港四期码头,岸桥自动装卸集装箱,无人导引运输车往返穿梭。百公里外,操作员推动手柄即可远程操控桥式起重机,时延仅为百微秒。从车联网到智慧路,从智慧校园到智慧医疗……越来越多的物联网应用场景已经走入寻常百姓家,物联网将成为继互联网之后的新型网络生态,大幅增强物与物、物与人之间的多向联系。

五、DeepSeek深度学习与数据挖掘平台

　　DeepSeek是一种结合了人工智能技术的深度学习与数据挖掘平台,它在大数据处理和分析领域展现出独特的优势和广泛的应用前景。作为人工智能的一种高级形式,DeepSeek不仅具备普通人工智能工具的基本功能,如数据分类、预测和推荐等,更在深度学习与数据挖掘方面有着更为突出的表现。与普通人工智能工具相比,DeepSeek能够自动提取数据特征,优化模型参数,实现数据的精准处理。更重要的是,它能够处理非结构化数据和复杂关系,发现数据之间的潜在联系和规律,这在解决复杂问题和应对不确定性方面表现出色。这种能力使得DeepSeek在各行各业中都能发挥重要作用。

　　在智能制造、智慧城市、医疗健康等领域,DeepSeek的应用推动了这些领域的数字化转型和智能化升级。例如,在智能制造中,DeepSeek可以分析生产数据,优化生产流程,提高生产效率;在智慧城市中,DeepSeek可以整合城市数据,提供智能交通、环境监测等解决方案;在医疗健康领域,DeepSeek可以辅助医生进行疾病诊断,制订个性化治疗方案。

　　对于大学生而言,掌握DeepSeek这样的深度学习与数据挖掘平台具有重要意义。它不仅能够帮助大学生在学术研究中更加高效地处理和分析数据,提高研究质量和效率,还能够培养大学生的数据思维和数据分析能力,为未来的职业生涯打下坚实的基础。在未来的职场中,掌握DeepSeek的大学生将能够脱颖而出,成为具备数据分析和决策能力的复合型人才。无论是进入企业从事市场分析、客户洞察、产品研发等工作,还是进入政府部门从事政策制定、社会管理等工作,DeepSeek都将成为他们手中的有力工具。因此,大学生应该积极拥抱DeepSeek这样的深度学习与数据挖掘平台,通过学习和实践,掌握其核心技术和应用方法。这将有助于他们适应数字化时代的发展需求,提升个人竞争力和适应能力,为实现个人价值和社会进步贡献力量。

【拓展阅读】新职业批量来袭你做好准备了吗?

课后思考

1. 劳动能力在个人发展和社会进步中的重要作用是什么？请分析劳动能力如何影响个人的全面发展，以及它在国家经济发展和社会进步中的基石作用。

2. 如何理解生活自理能力与职业适应能力之间的关系？讨论生活自理能力如何为职业适应能力奠定基础，以及两者在个人成长过程中的相互作用。

3. 现代职场环境对劳动者提出了哪些新的要求？分析科技应用、知识要求、技能需求等方面对现代职场劳动者提出的新挑战，并探讨如何适应这些变化。

4. 为什么掌握数字劳动工具对于现代劳动者至关重要？讨论数字劳动工具（如人工智能、大数据、云计算、物联网等）在现代职场中的应用及其对个人职业发展的重要性。DeepSeek作为人工智能的一种形式，与普通人工智能工具有何不同？

5. 面对未来职场，大学生应如何提升自己的职业适应能力？分析大学生应具备哪些专业技能、通用能力和自我管理能力，以便更好地适应未来职场的变化和挑战。

6. 如何在日常生活中培养生活自理能力？讨论大学生如何通过参与家务劳动、社会实践等方式，培养自己的生活自理能力，为未来的独立生活打下坚实的基础。同时，思考生活自理能力对提升个人综合素质和职业适应能力的影响。

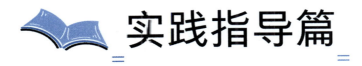 实践指导篇

第五章　岗位实习

学习目标

1. 理解岗位实习的价值意义与重要性。
2. 掌握岗位实习的过程管理与实施方法。
3. 熟悉岗位实习的考核评价体系。

知识图谱

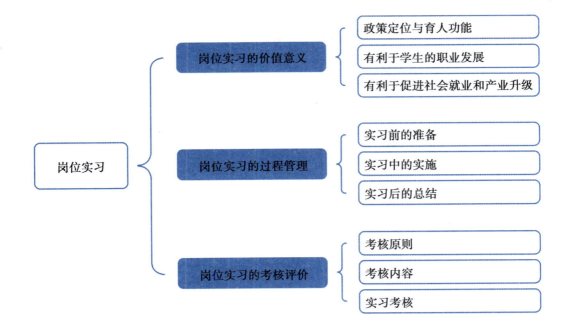

岗位实习是职业教育教学体系的重要组成部分,是学生将课堂所学理论知识转化为实际工作能力的关键过渡阶段。与普通认知中的短期见习不同,顶岗实习要求学生以"准员工"身份参与企业真实岗位工作,通常持续3~6个月,完整经历从入职适应到独立承担任务的职业成长过程。这种深度实践模式不仅强化了专业技能的应用能力,更通过企业环境的沉浸式体验,帮助学生建立对行业的立体认知。

第一节　岗位实习的价值意义

一、政策定位与育人功能

根据教育部等八部门发布的《职业学校学生实习管理规定》,岗位实习被明确界定为职业教育人才培养的必修教学环节,强调其作为连接理论知识与职业实践的桥梁作用。岗位实习不仅为学生提供了一个将课堂所学理论知识应用于实际工作的平台,使学生能够将抽象的理论知识与具体的岗位工作相结合,通过实际操作加深对专业知识的理解并巩固所学内容;还使学生在真实的工作环境中锻炼职业技能,掌握岗位所需的各项技能,学会如何在实际工作中解决问题,从而提升动手能力和解决问题的能力,增强就业竞争力。同时,岗位实习是学生从校园走向职场的重要过渡阶段,有助于培养学生的职业素养,如责任感、团队合作精神、沟通能力等,使他们更好地适应职场环境。此外,岗位实习也是学校检验教学效果、了解行业需求的重要途径,通过实习反馈推动教育教学改革和创新,提高人才培养质量。最后,岗位实习还促进了学校与企业的合作与交流,实现了学校、企业和学生的共赢发展。

概括起来,岗位实习在高职本科劳动教育中具有不可替代的作用,为培养更多高素质的技术技能型人才作出了重要贡献。

二、有利于学生的职业发展

（一）岗位实习是从"课堂模拟"到"真实职场"的跨越，能帮助学生深化职业认知

在职业教育的人才培养过程中，课堂模拟虽然能够为学生提供一定的职业场景和技能训练，但毕竟与真实的职场环境存在差距。而岗位实习则为学生搭建了一座桥梁，使他们能够亲身踏入职场，亲身体验职业角色的扮演和职责的履行。通过实习，学生可以直观地了解到自己所学专业在实际工作中的应用情况，对职业的性质、要求、发展前景等有更加深入和全面的认识。这种从理论到实践的跨越，不仅增强了学生的职业意识，还激发了他们对未来职业生涯的规划和憧憬，为他们的职业发展奠定了坚实的基础。

（二）岗位实习是岗位胜任力形成与构建的重要路径

在岗位实习过程中，学生被置于真实的工作环境中，面对的是实际的工作任务和挑战。例如，软件专业的学生在实习中可能参与到实际项目的开发中，负责编写代码、调试程序，这不仅锻炼了他们的编程技能，还让他们学会了如何与团队成员协作，共同解决问题。在这个过程中，学生不仅需要运用所学的专业知识和技能去解决工作中的实际问题，完成工作任务，还能够逐渐形成和构建起适应岗位需求的胜任力。这种胜任力不仅包括专业技能方面的能力，还涵盖了沟通协调能力、团队合作精神、问题解决能力等方面的综合素质。通过岗位实习的锻炼，学生能够更好地适应职场环境，提高自己的职业竞争力，为未来的职业发展打下坚实的基础。

（三）岗位实习是劳动精神与工匠精神养成的价值观塑造途径

在岗位实习中，学生亲身体验到劳动的艰辛与价值，也深刻理解了工匠精神所蕴含的精益求精和持之以恒。比如，在实习岗位上，无论是参与机械制造的学生看到工匠们对每一个零件的精细打磨，还是参与手工艺制作的学生目睹师傅们对每一道工序的严谨把控，这些场景都让他们深刻体会到，无论是何种职业，都需要对工作的极致追求和对细节的无限关注。这样的

实习经历,让学生逐渐树立起尊重劳动、崇尚技能的价值观。他们学会了耐心、专注,明白了只有经过不懈的努力和持续的钻研,才能打造出真正的精品。这种工匠精神的养成,不仅提升了他们的职业技能,更塑造了他们的职业态度和人生追求,激励他们在未来的工作中不断追求卓越,将劳动精神和工匠精神融入每一个工作细节中,实现个人价值与社会价值的统一。

三、有利于促进社会就业和产业升级

(一)岗位实习对技术技能人才培养提供支撑,服务产业升级

岗位实习作为连接教育与产业的桥梁,对服务产业升级具有不可估量的价值。通过实习,学生得以将所学理论知识与实际工作相结合,提升个人的专业技能和实践能力,同时也可为产业提供源源不断的高素质技术技能人才。这些人才具备创新思维和实践能力,能够快速适应产业技术升级的需求,推动产业向高端化、智能化、绿色化方向发展。同时,岗位实习还促进了教育与产业的深度融合,使教育机构能够及时了解产业需求,调整专业设置和课程内容,为产业升级提供定制化的人才培养服务,从而更好地支撑产业的持续发展和升级转型。

(二)岗位实习是学校向就业转化的衔接机制,有助于促进充分就业

岗位实习是学校向就业转化的衔接机制,它为学生提供了一个从校园到职场的过渡平台,有助于促进充分就业。通过实习,学生不仅能够提前适应职场环境,熟悉岗位要求,还能在实践中提升自己的职业技能和综合素质,为将来的就业做好充分准备。同时,实习也是企业考察和选拔人才的重要途径,表现优秀的学生往往能够直接获得就业机会,从而实现了从实习到就业的无缝衔接,有效促进了社会劳动力的充分就业。

【案例分享】

湖南邮电职业技术学院依托国企办学优势,与湖南电信、华为终端、大唐移动、中兴通讯等企业共建校外实训基地70个。其中电信10000号客服基地2022年服务用户123万,在线处理各类业务1600余万次,解决

用户实际困难81万件,用户满意度98.05%。

（资料来源：湖南省高等职业教育质量年度报告(2023)）

第二节 岗位实习的过程管理

一、实习前的准备

(一)实习单位的选择

选择实习单位时,学生应紧密围绕专业培养目标要求,挑选与所学专业紧密相关、能够提供丰富实践锻炼机会的企(事)业单位。实习单位应具备合法经营资质,管理规范有序,拥有良好的企业文化和工作环境,以确保实习生的合法权益得到充分保障。同时,优先考虑那些与学校有稳定合作关系的实习单位,这些单位通常对实习生的接收和培养有着较为成熟的体系,能够为实习生提供更好的实习条件和成长机会。此外,在选择实习单位时,还应综合考虑单位的行业地位、发展前景以及实习岗位与未来职业规划的契合度等因素,为未来的职业发展奠定坚实的基础。

(二)明确实习目标,制订实习计划

学校根据专业人才培养目标,制订岗位实习标准和实习计划。实习计划不仅体现学校对实习生学习成果的期望,更应具体规划实习期间应达到的目标。这些目标包括专业知识的深化,即要求实习生在实习过程中,将课堂所学理论知识与实际工作相结合,进一步加深对专业领域的理解和认识;实践技能的提升,强调通过实际操作和项目参与,锻炼实习生的动手能力、问题解决能力和团队协作能力;以及职业发展的初步规划,引导实习生在实习期间开始思考并明确自己的职业方向,为未来的职业生涯奠定坚实的基础。

(三)开展安全教育

开展安全教育是实习准备工作中不可或缺的一环。在实习前,学校需要对实习生进行全面的安全教育,包括安全生产知识、职场安全规范、紧急

应对措施等方面的培训,提高他们的安全意识和自我保护能力。通过安全教育,让实习生充分认识到安全的重要性,学会在实习过程中遵守安全规章制度,防范潜在的安全风险,确保实习期间的安全。

二、实习中的实施

(一)签订协议与购买保险

在实习活动正式开始之前,学校、实习单位和学生三方必须共同签订实习协议,以明确各自的权利和义务,确保实习活动的顺利进行。实习协议是实习过程中的重要法律文件,它规定了实习生的工作内容、工作时间、工作地点、薪酬待遇等基本信息,同时也明确了实习单位提供的实习条件、安全保障措施以及学校对实习生的管理要求。除实习协议外,学校、家长、学生还需签订安全责任书,进一步明确各方在实习期间的安全责任。安全责任书应详细列出实习过程中可能遇到的安全风险及预防措施,以及发生安全事故时的应急处理流程和责任承担方式。此外,为了保障实习生的合法权益,学校或实习单位还要为学生购买实习保险,能够在实习生发生意外或疾病时提供及时有效的经济保障。通过签订实习协议、安全责任书以及购买实习保险,学校、实习单位和学生三方可以共同构建一个安全、有序、和谐的实习环境,为实习生的成长和发展提供有力保障。

(二)选派指导教师

为了确保实习活动的顺利进行和实习生的全面发展,学校应精心选派经验丰富、综合素质好、责任心强、安全防范意识高的实习指导教师全程跟踪管理。实习指导教师应具备深厚的专业知识和丰富的教学经验,熟悉实习单位的工作流程和岗位要求,能够为实习生提供专业的指导和帮助。同时,实习指导教师应有强烈的责任心和高度的安全防范意识,能提前识别实习过程中可能存在的安全风险,并采取相应的预防措施,确保实习生的安全,并时刻关注实习生的实习进展和生活情况,及时给予关心和支持。在实习期间,指导教师应全程跟踪管理,定期与实习生沟通交流,了解他们的实习感受和遇到的困难,及时给予指导和帮助。他们还应与实习单位保持密切联系,协调解决实习过程中出现的问题,确保实习活动的顺利进行。

(三)实习过程监控

为了确保实习活动的有序进行和实习生的全面成长,学校应加强过程监控,建立健全信息化管理平台,并切实做好学生实习情况的立卷归档工作。学校实习管理部门和指导教师通过实习管理平台,实时了解实习生的出勤情况、工作任务完成情况、实习表现等关键信息,为实习生的管理和评价提供有力支持。同时,学校还应将实习生的实习资料、成果展示、心得体会等重要内容进行立卷归档,形成完整的实习档案,为实习生的未来职业发展提供有力证明。学校还应组织定期检查实习进展,及时了解实习生在实习过程中遇到的问题和困难。对发现的问题,学校应迅速响应,及时与实习单位沟通协调,共同寻找解决方案,确保实习活动的顺利进行。通过加强过程监控,学校可以更加全面地了解学生的实习情况,及时发现问题并采取措施加以解决,为学生的成长和发展提供有力保障。

三、实习后的总结

(一)学生撰写实习报告

在实习期间,学生应坚持撰写实习周志或日志(按照学校要求撰写),详细记录每周或每日的实习内容、工作任务、参与的项目、遇到的挑战及解决方法等。这些周志或日志不仅是对实习过程的真实记录,也是学生实习经历的重要组成部分,有助于学生在撰写实习报告时回顾和整理自己的实习经历。实习期结束时,学生应认真撰写实习报告,以全面总结自己的实习经历、收获与反思。

在实习报告中,学生应深入总结自己在实习期间所学到的专业知识、实践技能以及职场经验。同时,学生还应分享自己在实习过程中的感悟和体会,如团队合作的重要性、职场沟通的技巧、问题解决的方法等。此外,学生还应对自己的实习表现进行客观评价,反思自己在实习过程中的不足之处,并提出改进措施,为未来的职业生涯做好充分准备。通过撰写实习报告,学生不仅可以系统地回顾和总结自己的实习经历,还可以提升自己的写作能力和思维能力,为未来的学习和工作打下坚实的基础。

(二)学校组织交流分享

为了充分利用学生的实习经历,促进彼此之间的交流与学习,学校可根据实际情况定期组织实习经验分享会,既为学生提供一个展示自己实习成果和心得的平台,也成为一个相互启发、共同进步的宝贵机会。在实习经验分享会上,学生可以轮流上台,分享自己在实习期间的所见所闻、所学所感,讲述自己参与的项目、完成的任务、遇到的挑战以及解决问题的方法,让其他同学了解到不同行业、不同岗位的工作内容和职业要求,也可以分享自己在实习过程中的心得体会,如如何适应职场环境、如何与同事沟通协作、如何提升自己的职业素养等,为即将踏上实习之路的同学提供宝贵的经验和建议。

尤其对职业本科学生,应将岗位实习与毕业设计、毕业答辩紧密结合。毕业答辩中,学生需将自己的实习经历与所学专业知识相结合,完善毕业设计并进行口头汇报。通过毕业答辩,学生可以进一步梳理和总结自己的实习经历,深化对专业知识的理解,提升自己的表达能力和逻辑思维能力。

(三)学校评估实习效果

实习结束后,学校应对实习过程进行全面、客观的评估,评估实习效果围绕实习目标、实习内容、实习管理、学生表现等多个维度进行。评估实习目标是否达成,实习内容是否与专业培养方案相契合,是否满足学生和实习单位的需求。评估整个实习过程的管理是否完善,包括实习计划的制订与执行、指导教师的配备与指导、学生安全与生活保障等方面,既确保实习过程的规范性和有效性,又全面了解学生在实习期间的表现和成长。

在评估过程中,要注重收集和分析数据,客观反映实习效果。对实习中取得的成功经验,要及时总结和推广,为今后的实习工作提供借鉴。对存在的问题和不足,要深入剖析原因,提出切实可行的改进措施,避免类似问题再次发生。通过全面评估实习效果,学校应不断总结经验教训,为今后的实习工作提供有力的参考和支持。

第三节　岗位实习的考核评价

一、考核原则

在岗位实习的考核评价中,学校应遵循公平、公正、公开的原则,确保整个评价过程的透明度,所有评价标准、流程和结果均对学生公开,以保证评价的公正性,避免任何形式的主观偏见和不公平待遇。

同时,应坚持综合性原则,全面考虑学生在实习期间的表现,包括实习态度、技能掌握、团队合作能力以及实习成果等方面,力求全面、客观地反映学生的实习效果。

二、考核内容

考核一般包含工作态度、技能掌握、团队协作、实习成果等方面的内容。

在工作态度方面,应重点关注学生的出勤情况,记录其出勤率,检查学生是否按时到岗,有无迟到、早退现象。同时,评估学生在实习过程中的工作积极性,看他们是否积极参与工作,对分配的任务是否持积极态度。此外,还要考查学生的责任心,即他们对待工作的认真程度,以及是否负责任地完成了所分配的任务。

在技能掌握方面,重点考核学生是否熟练掌握岗位所需的各项技能,这既包括专业技能,也涵盖沟通、时间管理等技能。如学生能否独立完成工作任务,以及他们在完成任务过程时所表现出的质量和效率等,以此作为衡量其技能掌握程度的重要依据。

在团队合作方面,重点评价学生与同事之间、指导教师之间、单位领导之间的沟通协作能力,看他们是否能够积极参与团队合作,为实现团队目标贡献自己的力量。同时,考查学生在团队中的角色和贡献,关注他们是否尊重他人意见、善于倾听和协作。

在实习成果方面,重点评估学生完成的工作任务质量,特别注重工作的准确性、完整性和创新性。比如,是否提出了有益的改进建议、开发了新产品,或者成功解决了实际问题等,或者是否取得了创新成果。

三、实习考核

实习考核一般由实习日志和报告、现场考察、实习单位评价和指导教师评价组成。通过检查学生的实习日志和报告,了解其在实习过程中的学习进展、工作体验和成长情况,要求实习日志定期提交,内容真实详细。通过现场考查,观察学生的实际操作,评估其技能掌握和实际应用能力,方式可包括技能演示、项目展示或模拟工作场景等。通过实习单位对学生的工作态度、技能水平、团队合作能力等方面提供真实反馈,作为考核评价的重要依据。指导教师结合学生的实习日志、报告和现场考查结果,对学生的实习表现进行全面评价,并提供专业指导和建议。

岗位实习的考核结果作为学生学业成绩的重要组成部分,与毕业资格认定和学位授予紧密挂钩,发挥着决定性的作用。学生应积极参与实习,认真对待每一个实践任务,努力提升自己的专业技能和综合素质。

课后思考

1. 在岗位实习开始前,学生需要做好哪些具体的准备工作?请列举至少三项核心准备内容并说明其重要性。

2. 在岗位实习过程中,如何体现良好的职业道德与职业素养?请结合具体场景举例说明。

3. 岗位实习期间若遇到突发安全事故(如机械故障、火灾等),应如何按照规范流程应对?请简述步骤。

4. 实习结束后,如何通过自我评估与反思提升未来岗位适应能力?请提出至少两种评估方法并说明其作用。

第六章　社会实践

学习目标

1. 了解社会志愿服务活动的内涵和实施管理。

2. 了解高校毕业生"三支一扶"计划。

3. 了解大学生志愿服务西部计划。

4. 了解大学生"三下乡"活动。

知识图谱

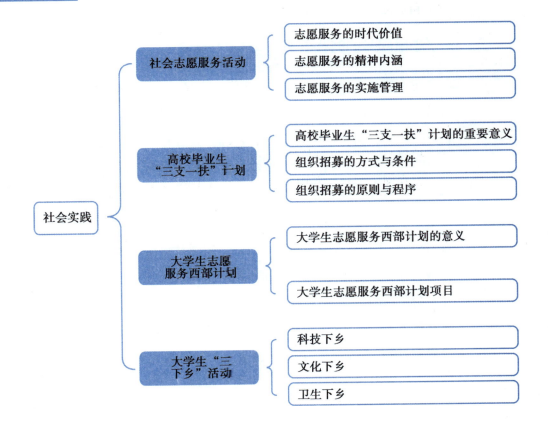

第一节　社会志愿服务活动

在北京冬奥会、冬残奥会总结表彰大会上，习近平总书记指出："广大志愿者用青春和奉献提供了暖心的服务，向世界展示了蓬勃向上的中国青年形象。"习近平总书记强调："要在全社会广泛弘扬奉献、友爱、互助、进步的志愿精神，更好发挥志愿服务的积极作用，促进社会文明进步。"

在我国，随着改革开放而萌芽的志愿服务活动，现在已经进入有组织有秩序的全面发展阶段，志愿服务活动在发展志愿服务事业、培育和践行社会主义核心价值观、促进社会文明进步中作出了重要贡献。志愿服务也成为高职学生越来越普遍的一种社会实践活动，它不仅是高职院校实施劳动教育的一种形式，更是培养具有志愿精神、奉献意识的高素质技术技能人才的有效途径。

一、志愿服务的时代价值

志愿服务是现代社会文明进步的重要标志，是加强精神文明建设、培育和践行社会主义核心价值观的重要内容。从冬奥会的"小雪花"，到进博会的"小叶子"，再到防汛抗洪、抢险救灾的"红马甲"……广大志愿者把服务他人、服务社会与实现个人价值有机结合起来，用实际行动诠释志愿精神的内涵。志愿服务已经成为各个领域、各项工作中的亮丽风景，释放出暖心的正能量。志愿服务扎根基层、分布广泛、触达直接、方式灵活，能够倾听不同诉求，整合利用社会资源，协调社会关系，畅通社会运行，成为不同群体的"黏合剂""连心桥"，排解矛盾的"解压阀""缓冲器"。当前，我国已转向高质量发展阶段，这对志愿服务提出了更高要求。比如，关爱老龄人口，需要志愿者具备更多的护理知识；守护绿水青山，需要志愿者具有更高的生态保护专业素养；服务乡村振兴，需要志愿者更好地把握农业农村发展规律；等等。广泛弘扬奉献、友爱、互助、进步的志愿精神，持续提高服务的精准化、专业化水平，志愿服务才能不断适应经济分工越来越复杂、社会治理越来越精细的趋势,在经济社会发展中更好发挥积极作用。

二、志愿服务的精神内涵

奉献是志愿服务精神的精髓。大学生志愿者应不图名利,不计报酬地用自己的知识、技能和时间,热情帮助需要帮助的个体、团体,这些实践和活动体现的即是奉献精神。

友爱,提倡志愿者与人为善、平等尊重他人。大学生在志愿服务中,用志愿者之友爱服务他人及社会,无论贫富贵贱,均平等友爱对待,让人们感受到温暖,同时点燃人们内心的友爱之火,让这种友爱在细微的服务中传递传承,使志愿者队伍不断壮大。

互助,提倡互相帮助、助人自助。大学生在志愿服务中,给处在困难中的他人提供帮助,这不是单方面的奉献,更是双向的扶助,在服务、帮助他人和社会的同时,自身得到精神和心灵的满足,个人修为和品质得到提升和成长。受助者获得切实的帮助后,也会投入到关心他人、帮助他人、为社会作贡献的志愿活动中,这些志愿活动都涵盖着深刻的互助精神。

进步,志愿服务精神的重要组成部分。大学生志愿者通过参与志愿服务,不仅自己的能力得到提升,同时也能促进社会的进步。在志愿活动中无处不体现着进步的精神,正是这一精神使人们乐于奉献、甘心付出,把志愿服务当作一种人生追求,使志愿服务成为社会风尚,推动社会的和谐进步。

三、志愿服务的实施管理

(一)志愿者的条件

年满18周岁的在校学生,可以申请成为学生志愿者。未满18周岁的学生参与志愿服务,根据实际情况应当在其监护人陪同下或者经其监护人同意后参与志愿服务。志愿者须具备与所参加的志愿服务项目及活动相适应的基本素质。

(二)志愿服务的开展方式

志愿服务的开展方式包括学校组织参与和学生自行报名参与两类。一般由学校组织开展,也鼓励学生自行开展。学校组织学生参加志愿服务,应充分尊重学生的自主意愿,按照公开招募、自愿报名(未成年人需经监护人书面同意)、择优录取、定岗服务的方式展开,切实做好相关指导、培训和风险防控工作,并结合实际,制订学生志愿服务计划,有计划、有步骤地组织学生参加志愿服务。学生自行报名参与应告知学校或家长,在确保安全的前提下开展,并注意遵守志愿服务原则。

(三) 志愿服务的注意事项

学生参加志愿服务,学校、学生志愿者、服务对象应签订服务协议书,明确服务内容、时间和有关权利、义务。学生进行专业技能相关志愿服务时,尤其是应急救援、特殊群体等专业性要求高的志愿服务,需经过专业培训,否则不得参加志愿活动。学校组织开展志愿服务,应切实做好风险防控,加强学生安全教育、管理和保护,必要时购买相关保险。学生自行开展志愿服务,学校应提醒学生做好风险防控,必要时购买保险。学生在志愿服务认定记录中要实事求是,杜绝弄虚作假。

【拓展阅读】

2017年12月1日《志愿服务条例》正式实施,标志着我国志愿服务事业站在了新的起点上,进入了新的发展阶段。2021年5月发布的《志愿服务组织基本规范》,有效推动了志愿服务组织管理、志愿者管理、组织评估等工作的规范化进程。《志愿服务条例》第二条规定,志愿服务是指志愿者、志愿服务组织和其他组织自愿、无偿向社会或者他人提供的公益服务。第六条规定,志愿者是指以自己的时间、知识、技能、体力等从事志愿服务的自然人;志愿服务组织是指依法成立,以开展志愿服务为宗旨的非营利性组织。

第二节　高校毕业生"三支一扶"计划

一、高校毕业生"三支一扶"计划的重要意义

高校毕业生"三支一扶"计划是贯彻落实中央关于引导鼓励高校毕业生到基层工作的决策部署,由人力资源社会保障部会同中共中央组织部、教育部、财政部等部门组织实施的高校毕业生基层服务项目,自 2006 年启动,每五年一轮,到 2024 年为止,该计划已经实施了 19 年,累计选派 50 多万名高校毕业生到基层单位从事支农、支教、支医和扶贫等服务,为基层输送了一大批宝贵的青年人才。特别是第三轮计划期间(2016—2020 年),各级人社部门会同有关部门,瞄准打赢脱贫攻坚战、全面建成小康社会对人才的需求,不断健全工作机制、强化培养锻炼、提升管理服务、完善保障体系,推动"三支一扶"计划顺利实施,在助力脱贫攻坚、推动基层经济社会发展、促进高校毕业生就业和锻炼成长等方面发挥了重要作用。

2021 年 5 月 28 日,人力资源社会保障部会同中共中央组织部、教育部、财政部、水利部、农业农村部、国家卫生健康委、国家乡村振兴局、国家林草局、团中央等部门印发通知,决定于 2021 年至 2025 年实施第四轮高校毕业生"三支一扶"(支教、支农、支医和帮扶乡村振兴)计划。以习近平新时代中国特色社会主义思想为指导,全面贯彻党的十九大和十九届二中、三中、四中、五中全会精神,围绕实施乡村振兴战略,以培养党和国家事业发展需要的基层人才为根本,以服务基层、改善基层人才队伍结构为目的,引导和鼓励高校毕业生到基层干事创业,加快培养一支扎根基层、奉献基层的青年人才队伍,为全面推进乡村振兴、加快农业农村现代化提供人才和智力支持。用五年时间,为基层输送和培养一批急需紧缺的管理人才、专业人才和创新创业人才,着力构建"下得去、留得住、干得好、流得动"的长效机制。

二、组织招募的方式与条件

"三支一扶"组织招募的方式是公开招募、自愿报名、组织选拔、统一派

遣,招募的对象主要为全国普通高校的应届毕业生,其应具备以下条件:政治素质好,热爱社会主义祖国,拥护党的基本路线和方针政策;学习成绩合格,具有相应的专业知识;具有敬业奉献精神,遵纪守法,作风正派;身体健康。

"三支一扶"计划招募工作由各省级人社部门具体负责,有志报名参加"三支一扶"计划的高校毕业生可以关注各省级人社部门官方网站、官方微信公众号等发布的招募公告,也可以关注中国人力资源市场网中"高校毕业生'三支一扶'计划"专栏,具体报名条件以各地公告为准。

三、组织招募的原则与程序

"三支一扶"招募工作应坚持"公开、平等、竞争、择优"的原则,并应有一定比例的名额招募家庭经济困难的学生。具体招募工作可按以下程序进行。

(1)汇总计划。每年4月底前,省级工作协调管理办公室要收集、汇总乡镇一级教育、农业、卫生、扶贫等基层岗位需求信息,并上报全国"三支一扶"工作协调管理办公室,同时面向社会公开发布。

(2)组织招募。每年5月底前,各地根据下达的招募计划和实际情况,采取考核或考试的方式进行招募。

(3)确定人选。经审核、体检确定人选后,省级工作协调管理办公室要组织"三支一扶"大学生签署《高校毕业生"三支一扶"计划申请书》,并于每年6月底前将"三支一扶"大学生名单上报全国"三支一扶"工作协调管理办公室备案。

(4)培训上岗。各地要组织"三支一扶"大学生进行上岗前的集中培训,培训内容主要是党和国家有关基层工作特别是农业、教育、卫生、扶贫方面的方针政策,本地区基层工作的现状,拟服务单位和岗位的基本情况,乡镇共青团有关工作业务等。每年7月底前派遣"三支一扶"大学生到服务单位报到。

第三节　大学生志愿服务西部计划

一、大学生志愿服务西部计划的意义

2003 年,团中央、教育部、财政部、人力资源社会保障部根据国务院常务会议和全国高校毕业生就业工作会议精神,联合实施大学生志愿服务西部计划,招募一定数量的普通高等学校应届毕业生或在读研究生,到西部基层开展为期 1～3 年的志愿服务工作,鼓励志愿者服务期满后扎根当地就业创业。大学生志愿服务西部计划志愿者,从广义上来说,是指政府相关部门通过考试或考核的方式选派到西部地区从事教育、卫生、农技、扶贫以及青年中心建设和管理等志愿服务工作的大学毕业生;从狭义上来说,是指为促进大学生就业与加快西部大开发、促进西部地区的发展,由当地政府相关部门发布需求信息,通过一系列公开、公正、竞争、择优的考试考察程序,面向广大优秀高校毕业生组织选拔,并选派到西部地区从事志愿服务工作的大学毕业生。

二、大学生志愿服务西部计划项目

大学生志愿服务西部计划按照服务内容分为基础教育、服务"三农"、医疗卫生、基层青年工作、基层社会管理、服务新疆、服务西藏七个专项。

基础教育:在县乡中小学从事教学及教学管理工作。本专项包括研究生支教团。

服务"三农":在县乡农业(林业、牧业、水利)技术单位从事农业科技工作。

医疗卫生:在乡镇卫生院以及部分县级医院、防疫站从事医疗卫生工作。

基层青年工作:在县级团委从事加强团的基层组织建设、促进青年就业创业、预防青少年违法犯罪、维护青少年合法权益等工作。

基层社会管理:围绕西部基层社会公益、社会保障、社会福利、法律援助、扶贫开发、金融开发等公共服务需求及党政、司法、综治等工作需要开展服务。

服务新疆：围绕新疆和兵团经济社会发展的需要在基层单位从事基础教育、农业科技、医疗卫生等服务。

服务西藏：围绕西藏经济社会发展需要在基层单位从事基础教育、农业科技、医疗卫生等服务。

大学生志愿服务西部计划实施以来，已累计选派54万余名大学生志愿者在2000多个县(市、区、旗)参与乡村振兴、基层治理，服务兴边富民、稳边固边，为西部地区和基层发展注入青春活力和青年力量，在全社会尤其是广大青年中唱响了到西部去、到基层去、到祖国和人民最需要的地方去建功立业的时代旋律。

【拓展阅读】"三下乡"社会实践纪实

第四节　大学生"三下乡"活动

1996年12月，中共中央宣传部、国家科学技术委员会、农业部、文化部等十部委联合颁布《关于开展文化科技卫生"三下乡"活动的通知》，通知中明确指出，要提升农村服务的三个方面，即文化、科技与卫生，简称"三下乡"。1997年起，中央宣传部等多个部委联合推动开展了文化、科技、卫生"三下乡"活动，并明确每年暑期组织开展大中专学生志愿者"三下乡"社会实践活动。

"三下乡"活动是近年来大学生参加社会实践的有效载体。大学生结合所学专业，根据当地实际情况和需求，开展包括科技普及、技能推广、文化宣传、义务支教、医疗服务等内容的下乡活动，为基层群众做好事、办实事、解难事。在实践过程中，大学生能够在为人民服务中受到深刻的启发和教育，使人格得到升华。

"三下乡"活动内容丰富、形式灵活、易于开展。大学生在活动中要注意充分考虑实践地的实际情况，将所学专业和特长等优势发挥出来，对基层群众提供持久深远的帮扶和支持。"三下乡"活动可以是科技、文化、卫生三方面中某一类的专项下乡活动,也可以是几类下乡活动的混合开展。

一、文化下乡

文化下乡活动一般包括以下几类形式。一是支教帮扶。大学生可以前往教育资源贫乏地区的中小学开展支教,也可以根据实际情况面向村民开展知识教育。二是图书下乡。大学生募捐筹集一批适合农民阅读的文化娱乐或农业技术图书,有条件的可以援建乡镇青年图书站。三是文艺下乡。艺术相关专业或有文艺特长的大学生可以组织开展农民群众喜闻乐见的文化艺术活动,如电影放映、文艺演出等。四是法律下乡。以宪法、民法典、森林法、土地法、义务教育法等与农民生产生活相关的法律为重点内容,大学生可以向农民宣传普及法律知识,增强农民的法律意识和法治观念,推进农村的民主法治建设。

二、科技下乡

大学生开展科技下乡活动可以从以下几方面入手。一是科普宣传。大学生可以广泛宣传科学常识,教育群众破除迷信,也可以开展关于防治水污染、安全使用化肥农药的环保科普宣传。二是实用技能推广。农学及相关专业大学生可以结合最新研发的优势技术,为提高农作物产量和质量或乡镇企业生产水平进行技术推广。三是生产指导服务。农学及相关专业大学生可以针对农业生产的实际提供上门指导,也可以为地方政府和农民群众带去适用于农村经济发展需求的技术、市场最新资料等,为农业生产和乡镇企业发展提供有效帮助。

三、卫生下乡

医学专业或具备丰富医学知识的大学生可以组织开展下乡义诊、卫生常识宣传普及、乡村卫生组织扶持、农村卫生人员培训等实践活动,推动当地医疗事业发展,使农村居民逐渐养成良好的卫生习惯。

课后思考

1. 社会实践是什么？包括哪些形式？什么形式的社会实践对大学生更有用？

2. 你参加过什么样的社会实践？社会实践的经历对你有何帮助？

3. 参加实践时,如何有效体现社会责任感和服务意识？请结合具体案例说明。

4. 在策划社区志愿服务类社会实践活动时,如何结合劳动教育目标确定活动主题与实施方案？请举例说明关键步骤及注意事项。

5. 结合劳动教育中"社会责任感培养"的目标,谈谈社会实践结束后,如何通过成果转化(如调研报告、社区服务案例、公益宣传等)进一步扩大实践价值,并反哺个人劳动观念的提升？

第七章 劳动法规

学习目标

1. 掌握我国的劳动法律制度、劳动者的权利和义务。

2. 熟悉劳动纪律的内容和如何遵守劳动纪律。

3. 了解如何维护实习权益、就业权益及解决违约问题与劳动争议等。

知识图谱

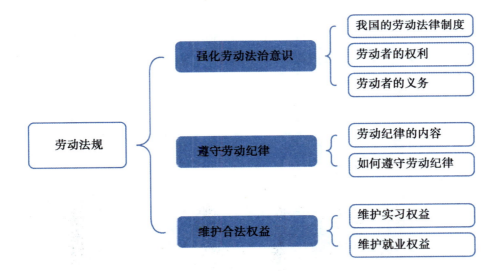

劳动法规如同一座灯塔,为劳动者指引着权益保障的方向。随着社会经济的飞速发展,劳动关系日益复杂多样,劳动者面临着诸多挑战与机遇。了解并掌握劳动法规,不仅是维护自身合法权益的必要手段,更是构建和谐劳动关系、推动社会公平正义的关键所在。

第一节　强化劳动法治意识

【案例导读】

女大学生求职遇性别歧视,勇敢维权获赔偿

小郭是一名即将毕业的女大学生,在求职过程中向某培训机构投递了简历,应聘文案策划岗位。然而,该培训机构在招聘广告中明确标注"限招男性",小郭因不符合这一条件被拒绝录用。小郭认为该培训机构的行为属于性别歧视,侵犯了她的平等就业权,于是决定通过法律途径维权。小郭向当地劳动监察部门投诉,并向法院提起诉讼,要求该培训机构公开道歉并赔偿精神损失费5万元。法院受理此案后,经审理认为,该培训机构在招聘文案策划岗位时,除国家规定的不适合妇女的工种或者岗位外,不得以性别为由拒绝录用妇女或者提高对妇女的录用标准,其行为已构成就业歧视,侵犯了小郭的平等就业权。最终,法院判决该培训机构赔偿小郭精神损失费2000元,并要求其在招聘中不得再出现性别歧视行为。

思考:

(1)劳动者有哪些权利?

(2)如果你的劳动权利受到侵害,你会如何做?

一、我国的劳动法律制度

劳动法律制度是指调整劳动关系以及与劳动关系有密切联系的其他社会关系的法律制度。

改革开放以来,我国劳动立法进入了一个新的发展时期,1994年7月5

日《中华人民共和国劳动法》(以下简称《劳动法》)的颁布,标志着我国已初步建立了以《劳动法》和其他法律为主体,行政法规、部门规章、地方性法规和地方政府规章、司法解释和国际公约等为辅助的劳动法律制度。

(一)我国劳动法律制度的构成

我国现行的劳动法律制度由多层次的法律法规等构成,具体包括以下内容。

1. 法律

法律是指立法机关按一般立法程序制定与颁布的规范性法律文件。劳动法律主要有《中华人民共和国劳动法》、《中华人民共和国劳动合同法》(以下简称《劳动合同法》)、《中华人民共和国社会保险法》、《中华人民共和国劳动争议调解仲裁法》、《中华人民共和国工会法》、《中华人民共和国安全生产法》、《中华人民共和国矿山安全法》、《中华人民共和国职业病防治法》(以下简称《职业病防治法》)等。

2. 行政法规

行政法规是指最高国家行政机关为领导和管理国家各项行政工作而依法制定的法规。劳动行政法规主要有《禁止使用童工规定》《失业保险条例》《工伤保险条例》《劳动保障监察条例》等。

3. 部门规章

部门规章是指国务院各部、各委员会,中国人民银行、审计署和具有行政管理职能的直属机构以及法律规定的机构,根据法律和国务院的行政法规、决定、命令,在本部门的权限范围内制定和发布的调整本部门范围内的行政管理关系的规范性文件。劳动规章主要有《集体合同规定》《最低工资规定》等。

4. 地方性法规和地方政府规章

地方性法规是省、自治区、直辖市以及省级人民政府所在地的市和国务院批准的设区的市的人民代表大会及其常务委员会,根据宪法、法律和行政法规,结合本地区的实际情况制定的、并不得与宪法、法律和行政法规相抵触的规范性文件。地方性法规大部分称作条例,有的为法律在地方的实施细则,部分为具有法规属性的文件,如决议、决定等。如《湖南省劳动保障监察条例》《河北省工会劳动法律监督条例》等。

地方政府规章是省、自治区、直辖市以及省级人民政府所在地的市、经济特区所在地的市和经国务院批准的较大的市的人民政府制定的规范性文件。如《辽宁省女职工劳动保护办法》《广东省劳动人事争议处理办法》等。

5.司法解释

司法解释是指司法机关对法律、法规的具体应用问题所作的说明。有关劳动法律法规的司法解释有《最高人民法院关于审理劳动争议案件适用法律问题的解释(一)》《最高人民法院关于审理拒不支付劳动报酬刑事案件适用法律若干问题的解释》等。

(二)我国劳动法律制度的分类

1. 劳动关系方面的法律制度

劳动关系方面的法律制度是调整劳动关系最基础的法律制度,《劳动合同法》在这类法律制度中占据主体地位。在市场经济条件下,劳动关系主要通过用人单位与劳动者订立劳动合同来建立。由于劳动者相对于用人单位而言处于弱势地位,用人单位就很容易在劳动合同中设置一些对劳动者不利的条款。因此,《劳动合同法》在劳动者权益保障方面就显得尤为重要,它通过明确的法律条款来约束并规范劳动合同的签订与执行,确保劳动者的合法权益得到妥善保护。

2. 劳动基准方面的法律制度

劳动基准方面的法律制度是指国家制定的关于劳动者最基本的劳动条件的法律制度,包括《最低工资规定》《国务院关于职工工作时间的规定》等。制定劳动基准方面的法律制度旨在改善劳动条件、保障劳动者的基本生活、避免伤亡事故的发生。这些法律规范都具有强制性,用人单位必须遵照执行。

3. 劳动力市场方面的法律制度

劳动力市场方面的法律制度是指调节劳动力市场、促进劳动者就业的法律制度,包括《中华人民共和国就业促进法》《国务院关于加强职业培训促进就业的意见》《就业服务与就业管理规定》等。就业是民生之本，国家采取了各种宏观调控手段创造就业机会，以促进劳动者充分就业。

4.社会保险方面的法律制度

社会保险方面的法律制度是指保障劳动者基本生存条件、提高劳动者生活质量的法律制度，包括《中华人民共和国社会保险法》《失业保险条例》等。

5.劳动权利保障与救济方面的法律制度

劳动权利保障与救济方面的法律制度包括《劳动保障监察条例》《中华人民共和国劳动争议调解仲裁法》等。在实践中，部分用人单位会忽视甚至侵犯劳动者的劳动权利，劳动监察对劳动法律制度的实施和劳动者劳动权利的实现起着至关重要的作用。此外，在劳动过程中，劳动争议经常出现，以《中华人民共和国劳动争议调解仲裁法》等法律法规为基础建立的劳动争议解决机制是保障当事人合法权益的有力武器。

二、劳动者的权利

《劳动法》规定了劳动者在劳动关系中的各项权利。《劳动法》是为了保护劳动者的合法权益，调整劳动关系，建立和维护适应社会主义市场经济的劳动制度，促进经济发展和社会进步。

《劳动法》第三条第一款规定："劳动者享有平等就业和选择职业的权利、取得劳动报酬的权利、休息休假的权利、获得劳动安全卫生保护的权利、接受职业技能培训的权利、享受社会保险和福利的权利、提请劳动争议处理的权利以及法律规定的其他劳动权利。"

（一）平等就业的权利

劳动者享有平等就业的权利包含以下三层含义。(1)任何劳动者都有平等就业的权利和资格，不因民族、种族、性别、年龄、文化、宗教信仰、经济能力而受到限制。(2)任何劳动者都有平等地参与职位竞争的权利，用人单位不得歧视劳动者。《劳动法》第十三条规定："妇女享有与男子平等的就业权利。在录用职工时，除国家规定的不适合妇女的工种或者岗位外，不得以性别为由拒绝录用妇女或者提高对妇女的录用标准。"(3)平等不等于同等,平等是对于符合职位条件的劳动者而言的,而不是不论劳动者的条件如何都同等对待。

(二)选择职业的权利

劳动者选择职业的权利是指劳动者根据自己的意愿选择适合自己才能、爱好的职业。劳动者拥有自由选择职业的权利,有利于劳动者充分发挥自己的特长,促进社会生产力的发展。劳动者在劳动力市场上作为就业的主体,具有支配自身劳动力的权利,可根据自身的素质、能力、志趣和爱好,以及市场资讯,选择用人单位和工作岗位。选择职业的权利是劳动者劳动权利的体现,是社会进步的一个标志。

(三)取得劳动报酬的权利

随着劳动制度的改革,劳动报酬成为劳动者与用人单位所签订的劳动合同的必备条款。劳动者付出劳动,依照劳动合同和国家有关法律法规取得报酬,是劳动者的权利。及时足额向劳动者支付劳动报酬,是用人单位的义务。用人单位违法这些应尽的义务,劳动者有权依法要求有关部门追究其责任。获取劳动报酬是劳动者持续地行使劳动权必不可少的物质保证。

《劳动法》第五十条规定:"工资应当以货币形式按月支付给劳动者本人。不得克扣或者无故拖欠劳动者的工资。"

《劳动合同法》第三十条规定:"用人单位应当按照劳动合同约定和国家规定,向劳动者及时足额支付劳动报酬。用人单位拖欠或者未足额支付劳动报酬的,劳动者可以依法向当地人民法院申请支付令,人民法院应当依法发出支付令。"

【案例阅读】

因用人单位拖欠工资离职获经济补偿

小李于2018年6月入职某公司,从事销售工作。入职后,公司与小李签订了劳动合同,约定每月15日发放工资。然而,自2022年1月起,该公司开始频繁拖欠工资。小李多次与公司沟通,要求按时发放工资,但公司以各种理由推脱，直至2022年6月，公司仍未支付小李2022年1月至5月期间的工资，累计拖欠工资金额达3万元。由于公司长期拖欠工资，小李于2022年6月提出解除劳动合同，并向当地劳动人事争议仲裁委员会申请仲裁，要求公司支付拖欠的工资及解除劳动合同的经济补偿金。仲裁委员会经审理后裁决公司支付小李工资3万元及经济补偿金2.4万元（小李在该公司工作满4年，离职前12个月平均工资为6000元，经济补偿金计算为4个月工资）。该公司不服仲裁裁决，诉至法院。法院经审理查明，公司确实存在长期拖欠工资的行为，且未提供合理解释。根据《中华人民共和国劳动合同法》第三十八条、第四十六条和第四十七条的相关规定，用人单位未及时足额支付劳动报酬的，劳动者可以解除劳动合同，用人单位应当向劳动者支付经济补偿。最终，法院判决公司支付小李工资3万元及经济补偿金2.4万元。

（四）休息休假的权利

休息休假时间是劳动者根据法律法规规定，在国家机关、社会团体、企事业单位以及其他组织任职期间内，不必从事生产和工作而自行支配的时间。关于劳动者休息休假的权利，《中华人民共和国宪法》（以下简称《宪法》）第四十三条规定："中华人民共和国劳动者有休息的权利。国家发展劳动者休息和休养的设施，规定职工的工作时间和休假制度。"《劳动法》第三十六条规定："国家实行劳动者每日工作时间不超过八小时、平均每周工作时间不超过四十四小时的工时制度。"《劳动法》第三十八条规定："用人单位应当保证劳动者每周至少休息一日。"此外，我国实行带薪年休假制度。连续工作一年以上的劳动者，享受带薪年休假。

（五）获得劳动安全卫生保护的权利

劳动安全卫生保护是保证劳动者在劳动中生命安全和身体健康，是对享受劳动权利的主体切身利益最直接的保护。关于劳动者获得劳动安全卫生保护的权利，《劳动法》第五十四条规定："用人单位必须为劳动者提供符合国家规定的劳动安全卫生条件和必要的劳动防护用品，对从事有职业危害作业的劳动者应当定期进行健康检查。"

（六）接受职业技能培训的权利

职业技能培训是指对准备就业和已经就业的劳动者，以培养或提高其基本职业技能为目的而进行的技术业务知识和实际操作技能教育与训练活动。《劳动法》第六十六条规定："国家通过各种途径，采取各种措施，发展职业培训事业，开发劳动者的职业技能，提高劳动者素质，增强劳动者的就业能力和工作能力。"用人单位不得干涉或阻止劳动者接受职业技能培训。

（七）享受社会保险和福利的权利

社会保险是指劳动者从国家或社会获得补偿或物质帮助的保障制度。关于劳动者享受社会保险的权利，《劳动法》第七十条规定："国家发展社会保险事业，建立社会保险制度，设立社会保险基金，使劳动者在年老、患病、工伤、失业、生育等情况下获得帮助和补偿。"与之对应，我国现行的社会保险制度可分为养老保险、职工基本医疗保险、工伤保险、失业保险四种。

关于劳动者享受福利的权利，《劳动法》第七十六条规定："国家发展社会福利事业，兴建公共福利设施，为劳动者休息、休养和疗养提供条件。用人单位应当创造条件，改善集体福利，提高劳动者的福利待遇。"

（八）提请劳动争议处理的权利

劳动争议是指用人单位与劳动者之间因劳动关系所发生的纠纷。关于劳动者提请劳动争议处理的权利，《劳动法》第七十七条第一款规定："用人单位与劳动者发生劳动争议，当事人可以依法申请调解、仲裁、提起诉讼，也可以协商解决。"

（九）法律规定的其他权利

法律规定的其他劳动权利包括依法参加和组织工会的权利；依法参与民主管理的权利；依法参加社会义务劳动的权利；从事科学研究、技术革新、发明创造的权利；依法解除劳动合同的权利；对用人单位管理人员违章指挥、强令冒险作业，有权拒绝执行；对危害生命安全和身体健康的行为，有权提出批评、举报和控告；等等。

三、劳动者的义务

权利和义务是统一的，劳动者在行使法定权利的同时，也应履行法定义务。《劳动法》第三条第二款规定："劳动者应当完成劳动任务，提高职业技能，执行劳动安全卫生规程，遵守劳动纪律和职业道德。"

根据《劳动法》《宪法》等法律法规，劳动者在劳动关系中需履行以下核心义务。

（一）完成劳动任务

劳动者一旦与用人单位订立劳动合同，就必须履行相应的义务，其中最主要的义务就是完成劳动任务。劳动者应按劳动合同约定，按时、保质保量完成工作任务，这是劳动关系存续的基础。劳动者不能完成劳动任务，意味着违反劳动合同的约定，用人单位可以解除与该劳动者订立的劳动合同。

（二）提升职业技能

劳动者需通过企业培训或自主学习等方式提升技能，以适应岗位需求，增强就业竞争力。成为适应社会主义建设需要的熟练劳动者，既是劳动者应该履行的义务，也是劳动者促进自身发展、更好地实现自我价值的客观需要。

（三）执行劳动安全卫生规程

劳动者必须严格执行国家以及用人单位制定的劳动安全卫生规程，正确使用防护用品（如安全帽、防毒面具等），发现隐患及时报告，配合事故调查，从而保障自己的生命安全和身体健康，并顺利完成劳动任务。

（四）遵守劳动纪律和职业道德

劳动者有遵守劳动纪律和职业道德的义务。职业道德是指劳动者在职业活动中应当遵守的道德规范，是一般社会道德在职业活动中的体现。劳动者应当遵守爱岗敬业、诚实守信、办事公道、服务群众、奉献社会的社会主义职业道德,在劳动中培养良好的道德品质。在社会主义制度下,每位劳动者都是国家的主人。劳动者的主人翁地位由自身享有的基本权利和应履行的基本义务决定。劳动者的权利和义务相互依存、不可分割。大学生应深刻理解劳动者权利和义务相统一的内涵,强化担当精神和使命意识,在享受劳动者权利的同时更好地履行义务,按照社会主义职业道德的要求,做一名合格的新时代劳动者。

第二节　遵守劳动纪律

【案例导读】

员工因频繁迟到早退被解除劳动合同

小李于 2022 年入职某公司,担任行政助理一职。入职时,公司向其发放了员工手册,其中明确规定了考勤制度,迟到或早退一次扣除当月绩效奖金的 10%,一个月内累计迟到或早退超过 3 次,公司将给予书面警告;若一年内累计受到 3 次书面警告,公司有权解除劳动合同。然而,自 2023 年起,小李开始频繁迟到早退,且未向公司请假或说明合理原因。2023 年上半年,小李因迟到早退已累计受到 2 次书面警告。公司多次与小李沟通,希望其改正行为,但小李仍未重视,依然我行我素。2023 年 7 月,小李再次早退,公司根据员工手册的规定,给予其第 3 次书面警告,并依据公司规章制度解除了与小李的劳动合同。小李不服,认为公司解除劳动合同的行为不合理,遂向劳动仲裁委员会申请仲裁,要求公司支付违法解除劳动合同的赔偿金。仲裁委员会经审理认为,公司制定的考勤制度及员工手册内容合法、程序正当,且已向小李公示,小李作为完全民事行为能力人,应当知晓并遵守公司的规章制度。小李无视劳动纪律,多次违反公司规定,公司依据合法有效的规章制度解除劳动合同并无不当,最终驳回了小李的仲裁请求。

思考:

(1)劳动者为什么要遵守劳动纪律?

(2)在劳动过程中,我们应如何遵守劳动纪律?

一、劳动纪律的内容

劳动纪律又称职业纪律、工作纪律，是劳动者在劳动、工作过程中应遵守的劳动规则、劳动秩序，是劳动组织者制定的规范和约束劳动者及相关行为的制度。劳动纪律主要包括以下内容：

• 履约纪律。严格履行劳动合同中规定的义务以及违约时应承担的责任。

• 考勤纪律。按规定的时间到达工作岗位，按要求请休事假、病假、年休假、探亲假等。

• 工作纪律。根据工作岗位职责及规则，保质保量按时完成工作任务；节约原材料；爱护公共财物。

• 安全卫生纪律。严格遵守技术操作规程和安全卫生规程。

• 保密纪律。保守用人单位的商业秘密。

• 奖惩制度。包括遵纪奖励与违纪惩罚规则等。

• 其他纪律。遵守其他与劳动紧密相关的规章制度。

应该注意的是，用人单位的劳动纪律或规章制度必须合法，否则劳动者可以拒绝遵守。

二、如何遵守劳动纪律

良好的劳动纪律有助于形成积极向上的工作氛围，激励员工以饱满的热情和认真的态度投入工作，从而提高工作效率和质量。同时，它也是保障员工自身权益和企业整体利益的基础，只有遵守纪律，才能确保工作安全，减少事故风险，维护企业的正常运营秩序，为员工创造稳定的发展空间，促进企业与员工的共同成长与进步，是构建和谐劳动关系的关键要素。用人单位如果没有劳动纪律约束员工，内部就会变成一盘散沙。

劳动者如果不遵守劳动纪律，就难以在劳动中进步和成长。在劳动过程中，劳动者应积极遵守劳动纪律，做到以下几点。

(一)强化纪律意识

劳动者应自觉强化纪律意识,这是实现个人职业发展和企业目标的关键所在。在工作中,纪律是保障团队协作顺畅的基石,只有每位劳动者都严格遵守劳动纪律,才能确保各项任务按时、高质量完成,避免因个人的随意性而影响整体进度。强化纪律意识,能够帮助劳动者养成良好的工作习惯,提升自身的专业素养和责任感。在面对工作压力和挑战时,纪律意识会促使劳动者坚守岗位,保持专注,不被外界干扰。同时,自觉遵守纪律也是对同事和企业的一种尊重,有助于营造公平、公正、有序的工作环境,增强团队凝聚力和企业竞争力。因此,劳动者应将强化纪律意识内化为自觉行动,以高度的责任心和敬业精神,为个人成长和企业发展贡献力量。

(二)严守操作规程

劳动者应严格遵守操作规程,这是确保安全生产和工作质量的关键。上岗前,劳动者应接受操作规程培训,熟悉各项工作的流程和各类设备的操作方法。在实际工作中,劳动者必须时刻保持严谨的态度,严格按照操作规程执行任务,不走捷径、不图省事,做到一丝不苟。只有这样,才能在保障自身安全的前提下,为企业的稳定发展贡献力量,实现个人与企业的双赢。例如,电焊工在工作前应熟练掌握电焊操作技能,穿戴好必要的劳动防护用品,并在工作中严格按照操作方法进行操作,从而在保证自身安全的同时圆满完成工作任务。

(三)提高个人素质

劳动者应提高个人素质,这是适应社会发展和自身发展的必然要求。在当今时代,科技进步日新月异,新质生产力不断涌现,劳动者应从多方面提升个人素质。首先,要增强职业素养,树立正确的职业道德观,遵守劳动纪律,爱岗敬业,诚实守信,具备良好的团队协作精神和责任心。其次,要提升职业技能,通过不断学习和实践,掌握先进的专业知识和操作技能,以适应快速变化的工作需求。此外,还需培养创新意识,敢于突破传统思维,积极提出新想法和新方法,推动工作和生产效率的提升。同时,要注重身心健康,保持良好的身体素质和心理状态,以更好地应对工作压力。最后,劳动者还应具备一定的法律意识,了解劳动法律法规,维护自身合法权益。通过这些方面的提升,劳动者不仅能够更好地适应工作岗位,还能为企业的持续发展和社会的进步贡献力量。

第三节　维护合法权益

【案例导读】

实习未签协议,权益受损维权难

小张是一名即将毕业的大学生,为了积累实践经验,他通过学校推荐到一家企业实习。实习前,小张与企业只是进行了简单的口头约定,未签订任何书面实习协议,双方仅口头约定了实习期限为3个月,以及每月给予一定的实习补贴。实习期间,小张认真负责,工作表现良好。然而,实习即将结束时,企业却以小张工作表现不符合要求为由,拒绝支付最后一个月的实习补贴,并且未给予任何补偿或解释。小张多次与企业沟通,但企业始终不予理会,甚至表示双方没有签订协议,小张无权要求支付补贴。由于未签订实习协议,小张在维权过程中面临诸多困难。他无法提供明确的书面证据来证明双方的权利义务关系,导致劳动仲裁部门和法院都难以受理他的诉求。最终,小张只能自认倒霉,实习补贴无法追回。

思考:为避免出现与案例类似的情况,大学生在实习时应当如何维护个人权益?

一、维护实习权益

实习是高校进行人才培养的重要组成部分,是深化课堂教学的重要环节,是大学生了解社会,接触生产实际,获取、掌握生产现场相关知识的重要途径,在培养大学生实践能力、创新精神,帮助大学生树立事业心、增强责任感等方面有重要作用。

但是很多大学生的法律意识比较淡薄,一般不会主动向用人单位要求签订实习协议或劳动合同,当在实习过程中发生争议时,他们往往难以维护自己的合法权益。为了维护实习期间的个人权益,避免在发生争议时陷入被动局面,大学生应当与用人单位签订实习协议。

(一)实习协议的内容

1. 三方的基本信息

"三方"即学生、用人单位和学校。学生的基本信息包括姓名、身份证号、家庭住址、联系电话等。用人单位的基本信息包括单位名称、地址、联系人、联系电话等。学校的基本信息包括学校名称、地址、联系人、联系电话等。

2. 协议期限和工作时间

协议期限是指协议的有效时间,即实习期的时间。工作时间包括实习工作日和上下班时间安排等。

3. 实习内容和地点

大学生刚开始实习时,由于缺乏经验,可能被用人单位安排做一些基础性或辅助性的工作。有些大学生觉得工作缺乏技术含量,难以体现自己的价值,久而久之,便失去了工作积极性,从而无法达到实习的目的。鉴于此,大学生在实习前应了解工作内容,并让用人单位在实习协议中注明工作内容。此外,大学生还需要提前和用人单位确定实习地点。

4. 实习期待遇

部分实习工作仅仅是为大学生提供接触社会、成长锻炼的机会的,用人单位不支付工资。如果用人单位支付工资,实习协议上就必须注明工资的数额、支付方式和支付时间。

【劳动小贴士】

《职业学校学生实习管理规定》第十七条规定:"除相关专业和实习岗位有特殊要求,并事先报上级主管部门备案的实习安排外,实习单位应遵守国家关于工作时间和休息休假的规定,并不得有以下情形:(一)安排学生从事高空、井下、放射性、有毒、易燃易爆，以及其他具有较高安全风险的实习；(二)安排学生在休息日、法定节假日实习；(三)安排学生加班和上夜班。"

《职业学校学生实习管理规定》第十八条规定："接收学生岗位实习的实习单位，应当参考本单位相同岗位的报酬标准和岗位实习学生的工作量、工作强度、工作时间等因素，给予适当的实习报酬。在实习岗位相对独立参与实际工作、初步具备实践岗位独立工作能力的学生，原则上应不低于本单位相同岗位工资标准的80%或最低工资标准，并按照实习协议约定，以货币形式及时、足额、直接支付给学生，原则上支付周期不得超过1个月，不得以物品或代金券等代替货币支付或经过第三方转发。"

5. 风险责任的划分

风险责任的划分是实习协议中最重要的内容之一。风险责任一般包括两类：一类是大学生在实习过程中使用人单位遭受损失所产生的责任，另一类是大学生遭遇工伤事故所产生的责任。

通常情况下，大学生缺乏抗风险能力并且经济能力有限，因此在实习协议中注明上述风险责任的划分十分有必要。此外，大学生可以要求用人单位为自己购买实习责任险或人身意外伤害险。

(二)签订实习协议的注意事项

1. 查询用人单位的主体资格

实习协议双方的主体资格是否合法，是实习协议是否具有法律效力的前提。大学生在签订实习协议之前，一定要先查询用人单位的主体资格。查询用人单位主体资格是否合法的方法如下。

方法一：使用国家企业信用信息公示系统查询。

进入国家企业信用信息公示系统，输入用人单位名称、统一社会信用代码或注册号进行搜索。如果搜索结果显示"存续(在营、开业、在册)"，表示该用人单位依法存在并正常运营；如果搜索不到相关信息，则表示该用人单位没有通过工商局进行登记注册，该用人单位要么属于非法经营，要么刚成立。

方法二：使用ICP/IP地址/域名信息备案管理系统查询。

每一个正规网站都有唯一的ICP备案号，其作用就是防止网站经营者从事非法活动。如果用人单位有官网，打开其官网，找到最下方的ICP备案号，单击ICP备案号即可进入ICP/IP地址/域名信息备案管理系统，在该系统中输入ICP备案号。如果查询到相关信息，则说明该网站经过备案，用人单位的主体资格合法。此外，还可以使用"天眼查""爱企查"等商业查询平台查询用人单位的经营状况、司法风险等详细信息。

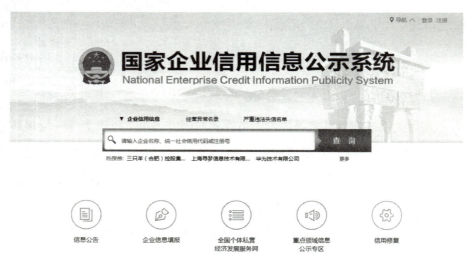

2. 检查协议条款

实习生一定要认真检查协议条款是否明确、清晰地界定了双方的权利和义务，以及协议条款是否符合《劳动法》《劳动合同法》等法律法规的规定。

3. 确定签订手续是否完备

大学生和用人单位签订实习协议，应完整地办理相关手续。实习生要签名并写清楚签名的时间,还应要求用人单位加盖单位公章、注明盖章时间。

二、维护就业权益

(一) 学生的基本就业权益

大学生作为就业市场的重要主体,除了享有取得劳动报酬权、休息休假权等一般权利外,还享有就业信息知情权、接受就业指导权、被推荐权、违约求偿权等。

1. 就业信息知情权

就业信息知情权是指大学生拥有及时、全面地获取应该公开的各种就业信息的权利。其含义包括以下几个方面。

(1)信息公开。就业信息应向所有大学生公开,任何组织和个人都不得隐瞒、截留就业信息。

(2)信息及时。就业信息有很强的时效性,应及时向大学生公布,以免影响大学生就业。

(3)信息全面。就业信息应全面、完整,以便大学生准确了解用人单位,作出符合自身意愿的选择。

2. 接受就业指导权

《中华人民共和国高等教育法》第五十九条第一款规定:"高等学校应当为毕业生、结业生提供就业指导和服务。"就业指导工作直接影响大学生的就业方向选择、职业生涯规划等,是大学生成功就业的重要保障。

3. 被推荐权

高校在就业指导工作中的一个重要职责就是向用人单位推荐大学生。在被推荐的过程中,大学生享有高校如实推荐、公正推荐和择优推荐的权利。如实推荐是指高校在推荐大学生时应实事求是,以大学生本人的实际情况为准,不能故意贬低或随意夸大学生的在校表现。公正推荐是指每名大学生都享有被推荐的机会。择优推荐,是指高校应在公正、公开的基础上,本着"优生优待、唯才是举"的原则,向用人单位推荐表现优异的大学生。

4. 违约求偿权

如果用人单位出现违约行为,大学生可以要求用人单位承担违约责任,并支付违约赔偿金。

(二)维护就业权益的措施

1. 自觉遵守就业规范

在就业过程中,大学生应自觉遵守就业规范。根据相关规定,大学生有下列情形之一的,学校不再提供就业服务:

不顾用人单位需要,坚持个人无理要求,经多方教育拒不改正的。

已签订《全国普通高等学校毕业生就业协议书》(以下简称《就业协议书》),无正当理由超过3个月不去用人单位报到的。

去用人单位报到后,因不服从安排或提出无理要求被用人单位退回的。

2. 了解就业政策和法规

了解国家目前关于大学生就业的相关政策和法规,明确自己在就业过程中的权利和义务,是大学生维护自身权益的基础。《劳动合同法》第十九条、第二十条对试用期的期限和工资作出了明确规定,大学生了解这些内容,在遇到"试用期陷阱"时就能够从容应对。

【劳动小贴士】

《劳动合同法》第十九条规定:"劳动合同期限三个月以上不满一年的,试用期不得超过一个月;劳动合同期限一年以上不满三年的,试用期不得超过二个月;三年以上固定期限和无固定期限的劳动合同,试用期不得超过六个月。

同一用人单位与同一劳动者只能约定一次试用期。

以完成一定工作任务为期限的劳动合同或者劳动合同期限不满三个月的,不得约定试用期。

试用期包含在劳动合同期限内。劳动合同仅约定试用期的,试用期不成立,该期限为劳动合同期限。"

《劳动合同法》第二十条规定:"劳动者在试用期的工资不得低于本单

位相同岗位最低档工资或者劳动合同约定工资的百分之八十,并不得低于用人单位所在地的最低工资标准。'

3. 预防合法权益受侵害

大学生在求职过程中,应本着诚实守信的原则,向用人单位介绍自己的真实情况。同时,大学生应强化风险意识,对一些用人单位使用虚假信息招聘劳动者的做法,要有提防心理,防止自身的合法权益受到侵害。

4. 积极维护自身的合法权益

在就业过程中,大学生如果遭遇不公平对待,要敢于拿起法律武器据理力争,或者向政府相关部门和学校投诉,或者借助新闻媒体来维护自身的合法权益。大学生在就业过程中通常会用到两份与就业相关的文件——《就业协议书》和《劳动合同》。大学生了解与《就业协议书》有关的违约问题的处理方法、与劳动合同有关的劳动争议的解决方法,有利于维护自身的合法权益。

【案例阅读】

大学生实习期间用人单位未缴纳社保,依法维权获赔偿

小张是一名即将毕业的大学生,在某公司实习期间,与公司签订了实习协议,但公司未为其缴纳社会保险费。实习结束后,小张发现公司未履行缴纳社保的义务,便向公司提出补缴社保的要求,但公司以小张是实习生为由拒绝。小张通过咨询法律专业人士,了解到根据《中华人民共和国社会保险法》第五十八条的规定,用人单位应当自用工之日起三十日内为其职工向社会保险经办机构申请办理社会保险登记。小张认为,尽管自己是实习生,但与公司存在事实劳动关系,公司仍应为其缴纳社保。随后,小张向当地劳动监察部门投诉,劳动监察部门对该公司进行了调查,发现该公司确实未为小张缴纳社保,责令该公司限期补缴。公司最终为小张补缴了实习期间的社会保险费,并支付了相应的滞纳金。

（三）解决违约问题与劳动争议

1. 与《就业协议书》有关的违约问题的处理方法

与《就业协议书》有关的争议经常发生,其原因一般是大学生草率地与用人单位签订了《就业协议书》,但后来找到了更适合自己的用人单位,想解除与原用人单位的就业协议,从而引发违约问题。在实践中,针对与《就业协议书》有关的违约问题,通常有以下几种处理方法。

（1）大学生与用人单位协商解决。大学生可以向用人单位说明情况并赔礼道歉,争取获得用人单位的谅解,必要时支付违约金。这种方法适用于因大学生违约而引起的就业协议争议。

（2）学校或大学生就业主管部门与用人单位协调解决。学校或大学生就业主管部门介入,使学生和用人单位达成和解,这种办法多适用于因用人单位违约而引起的就业协议争议。

（3）通过法律途径解决。对于协商调解不成的,大学生可向人民法院起诉,由人民法院依法裁决。

【课堂互动】

你是如何看待大学生签署《就业协议书》后违约这一行为的?

2. 与劳动合同有关的劳动争议的解决方法

劳动合同是指用人单位与劳动者确立劳动关系、明确双方权利义务的协议。与劳动合同有关的劳动争议的解决方法有劳动争议协商、劳动争议调解、劳动争议仲裁和劳动争议诉讼,后三种解决方法对应的机构分别是劳动争议调解委员会、劳动争议仲裁委员会和人民法院。

劳动争议协商是指劳动关系双方当事人在发生劳动争议后,自行协商解决,以澄清误会、分清责任、取得谅解,最终达成和解协议的方法。

劳动争议调解是指在双方当事人自愿的基础上,通过劝解、说服、疏导等工作,促使双方互相谅解和让步,依法达成协议,以及时解决劳动争议的方法。

劳动争议仲裁是指劳动争议仲裁委员会在查明事实、分清责任的基础上,依照国家法律法规和相关政策,对劳动争议双方当事人的责任进行认定和裁决的方法。裁决作出后,当事人对仲裁裁决不服的,可以自收到仲裁裁决书之日起 15 日内向人民法院提起诉讼。一方当事人在法定期限内不起诉又不履行仲裁裁决的,另一方当事人可以申请人民法院强制执行。

劳动争议诉讼是指当事人对劳动争议仲裁委员会的仲裁结果不满意,依法向人民法院起诉,由人民法院依法审理并作出判决的方法。诉讼是处理劳动争议的最终方式。最终生效的判决标志着该劳动争议案件诉讼程序的终结。人民法院对劳动争议案件的审理,适用《中华人民共和国民事诉讼法》规定的程序,分为起诉和受理、调查取证、调解、开庭审理等阶段。人民法院作出判决后,向当事人发送判决书。当事人不服一审判决的,有权在判决书送达之日起 15 日内,向上一级人民法院提起上诉。到期未上诉的,判决书自动产生法律效力。

【劳动小贴士】

> 劳动争议协商和劳动争议调解不是处理劳动争议的必经程序,但劳动争议仲裁是处理劳动争议的必经程序,也是处理劳动争议最重要的程序。在我国司法实务中,人民法院受理劳动争议案件是以经劳动争议仲裁委员会裁决过为前提的。只有经过劳动争议仲裁,当事人才可以向人民法院提起诉讼。不经过劳动争议仲裁,当事人直接向人民法院提起诉讼,人民法院不予受理。

【案例阅读】

劳动者因公司未支付加班费起诉获赔

> 小张于 2022 年 3 月入职一家科技公司,担任软件工程师。入职后,公司经常安排小张加班,但从未支付过加班费。小张多次与公司沟通未果,于是向劳动仲裁委员会申请仲裁,要求公司支付加班费。然而,劳动仲裁委员会以证据不足为由驳回了小张的请求。小张不服仲裁结果,决定向法院提起诉讼。在诉讼过程中,小张提交了以下证据:加班申请单、考勤记录、工作邮件往来记录以及与上级领导沟通加班事宜的微信聊天记录

等,证明自己确实存在加班的事实。公司则辩称,小张的加班是自愿行为,公司并未强制要求其加班,因此无需支付加班费。法院经审理认为,小张提交的证据能够形成完整的证据链,证明其存在加班的事实。根据《中华人民共和国劳动合同法》的相关规定,用人单位安排劳动者加班的,应当按照国家有关规定向劳动者支付加班费。公司以小张加班是自愿行为为由拒绝支付加班费,缺乏法律依据。最终,法院判决公司支付小张加班费共计3万元。

实践活动

模拟劳动争议仲裁

现实生活中,部分大学生缺乏劳动法律法规方面的知识,在发生劳动纠纷时不知道如何维护自身的合法权益。例如,签订的劳动合同中有很多条款对自己不利,大学生不知道如何修改条款以维护自身的合法权益;对劳动争议仲裁程序一无所知,不知道如何通过劳动争议仲裁委员会来维护自身的合法权益;不知道如何提供有利证据来支持自己的仲裁请求。

为了加深学生对《劳动法》《劳动合同法》等法律法规的了解,熟悉如何向劳动争议仲裁委员会申请劳动争议仲裁,引导学生增强维护自身合法权益的意识,提高学生用法律维护自身合法权益的能力,班级组织开展"向劳动争议仲裁委员会申请劳动争议仲裁"活动。

要求:

（1）5～8人为一组,自拟劳动纠纷的内容（如工资纠纷、考勤纠纷、休假纠纷等）,上网查询向劳动争议仲裁委员会申请劳动争议仲裁的具体流程和申请材料,准备好所有申请材料。

（2）分角色扮演员工、企业代表、劳动争议仲裁委员会成员等,模拟劳动争议仲裁。

（3）各小组成员分别撰写一篇活动心得体会。

知识储备

问题1:劳动者的权利和义务分别有哪些?

问题2：与劳动合同有关的劳动争议的解决办法有哪些？

活动记录

根据活动开展的过程和结果填写实践活动记录表，并由指导教师填写实践活动评价表。

实践活动记录表

班级		姓名		学号	
指导教师		活动地点		活动时间	
劳动纠纷的内容					
申请劳动争议仲裁的具体流程和申请材料					
劳动争议仲裁的模拟情况					
心得体会					

实践活动评价表

评价标准	分值	分数小计	教师评价
理解劳动权益的相关知识	15		
流程介绍准确，材料准备充分	20		
情景模拟过程中引用的法律条文准确、合理	20		
情景模拟过程中观点鲜明，逻辑清晰	20		
心得体会语言简洁，文笔流畅，思想深刻	25		
总计	100		

课后思考

1.《中华人民共和国劳动法》中规定的劳动者基本权利与义务分别有哪些？结合劳动教育目标，谈谈学习这些内容对树立正确劳动观念的意义。

2. 假设你在校园勤工俭学或校外兼职中,遇到用人单位拖欠报酬、强制加班或未提供必要劳动保护的情况,依据《中华人民共和国劳动合同法》相关规定,你会通过哪些合法途径维护自身权益?请列举具体步骤。

3. 某企业以"实习期不签订劳动合同""试用期无社保""自愿放弃加班费"等为由,要求劳动者签署不合理协议。从劳动法规角度分析,这些条款存在哪些违法性?劳动者应如何识别并拒绝此类侵权行为?

4. 劳动教育中强调"劳动法治精神"的培养,结合《中华人民共和国职业教育法》《工伤保险条例》等法规,谈谈职业院校学生在岗位实习或社会实践中,如何通过学习劳动法规增强安全意识、责任意识和规则意识?

第八章　劳动安全

学习目标

1. 认识劳动安全的重要意义,为校园劳动安全、实验实训安全、校外实习安全提供指导。
2. 了解劳动安全的分类,做到安全劳动、安全实习、安全实训。
3. 掌握职业健康安全的基本知识以及劳动防护用品的用途。

知识图谱

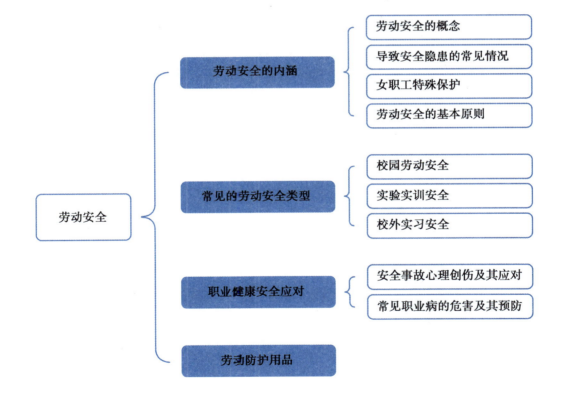

随着各类劳动生产安全事故频繁发生,劳动生产安全的形势也越发严峻。马斯洛需求层次理论表明,在生理需求满足之后,安全需求成为人类生存与发展的最基本要求,它是生命与健康的基本保障。社会发展、社会建设离不开劳动者的生产,安全生产是保障劳动者安全健康、保证国民经济持续发展的基本条件。

第一节　劳动安全的内涵

作为即将走上工作岗位的未来劳动者,大学生要有充分的安全知识储备,形成良好的劳动安全意识和自我保护意识,不断提升防范风险的能力,成为一名遵规守法的劳动者。

一、劳动安全的概念

安全是人类最重要、最基本的要求,是人的生命与健康的基本保障。企业、国家、社会应为每一名公民提供安全的生活和工作环境,保障公民的生命安全和身体健康。劳动安全是指在生产劳动过程中,防止中毒、车祸、触电、塌陷、爆炸、火灾、坠落、机械外伤等危及劳动者人身安全的事故发生。广义的劳动安全包括人身安全和健康两部分内容。狭义的劳动安全是指人身安全或上述某一类的劳动安全。

在日常职业教育中,劳动安全又称职业安全,是劳动者享有的在职业劳动中人身安全获得保障、免受职业伤害的权利。对企业而言,应当增强职工的安全生产意识、安全生产的责任感和遵章守纪的自觉性,使职工掌握安全生产知识,不断提高安全操作技能,因此必须进行经常性的安全生产教育。

二、导致安全隐患的常见情况

(一)人的不安全行为

在劳动的过程中或者日常环境中,很多随意的、非必要的动作或操作会导致危险的发生,对自身或他人造成伤害。

（二）物的不安全状态

物体的使用过程、使用条件以及物体本身也可能存在一些危险和有害因素。在劳动过程中，劳动者要严格遵守操作规程并做好防护，避免危险的发生。

（三）环境因素

在复杂的劳动环境中，不可避免地存在一些不利因素，但是可以通过一些技术手段或者防护手段去规避这些不利因素。因此劳动者在劳动过程中，需要按照相关规程做好防护或者提前准备好工作环境，待环境达标后再进行工作。

（四）管理缺陷

国家或企业制定生产操作规程和安全注意事项，是对人员财产安全的一种保护措施。要让这些操作规程在劳动过程中充分发挥作用，就需要有完备的安全管理组织架构和规程来进行全方位的管理，只要有一方掉以轻心，没有起到监管作用，没有认真落实责任，就有可能发生劳动安全事故。

三、女职工特殊保护

根据《女职工劳动保护特别规定》（中华人民共和国国务院令第619号），女职工禁忌从事的劳动范围包括：①矿山井下作业；②体力劳动强度分级标准中规定的第四级体力劳动强度的作业；③每小时负重6次以上、每次负重超过20公斤的作业，或者间断负重、每次负重超过25公斤的作业。

女职工在经期禁忌从事的劳动范围：①冷水作业分级标准中规定的第二级、第三级、第四级冷水作业；②低温作业分级标准中规定的第二级、第三级、第四级低温作业；③体力劳动强度分级标准中规定的第三级、第四级体力劳动强度的作业；④高处作业分级标准中规定的第三级、第四级高处作业。

女职工在孕期禁忌从事的劳动范围：①作业场所空气中铅及其化合物、汞及其化合物、苯、镉、铍、砷、氰化物、氮氧化物、一氧化碳、二硫化碳、氯、己内酰胺、氯丁二烯、氯乙烯、环氧乙烷、苯胺、甲醛等有毒物质浓度超过国家职业卫生标准的作业；②从事抗癌药物、己烯雌酚生产，接触麻醉剂气体等的作业；③非密封源放射性物质的操作，核事故与放射事故的应急处置；④高处作业分级标准中规定的高处作业；⑤冷水作业分级标准中规定的冷水作业；⑥低温作业分级标准中规定的低温作业；⑦高温作业分级标准中规定的第三级、第四级的作业；⑧噪声作业分级标准中规定的第三级、第四级的作业；⑨体力劳动强度分级标准中规定的第三级、第四级体力劳动强度的作业；⑩在密闭空间、高压室作业或者潜水作业，伴有强烈振动的作业，或者需要频繁弯腰、攀高、下蹲的作业。

女职工在哺乳期禁忌从事的劳动范围：①孕期禁忌从事的劳动范围的第一项、第三项、第九项；②作业场所空气中锰、氟、溴、甲醇、有机磷化合物、有机氯化合物等有毒物质浓度超过国家职业卫生标准的作业。

四、劳动安全的基本原则

一般来讲，确保劳动安全既有一般岗位的通用原则，也有特殊行业、特殊岗位的专业原则。通用原则主要包括以下三个方面。

第一，生命至上的原则。在劳动过程中，必须首先保证生命安全，没有了生命，其他的物质财富都是零。在安全管理上，必须明白100-1=0的道理，即一次事故就是安全管理的全部失败。

第二，防患于未然的原则。所有事故的发生都有明显的原因，如人的不安全行为、物的不安全状态和管理上的缺陷等，这在生产系统中被称为安全隐患。排查并消除安全隐患，能够有效降低事故发生的概率。

第三，安全习惯的养成。良好的劳动安全习惯是避免事故发生的重要条件之一。安全习惯主要包括以下几个方面：上岗之前，要熟悉自己的岗位职责和工作内容，主动参加培训，对于不太熟悉的工作内容和工作要求，要多向有经验的员工请教，尤其要明确工作流程，不能贸然操作。有些操作岗位对于工作服有明确的要求，比如必须戴安全帽、工作帽，必须穿标准工作服和规定的工作鞋等。企业中的统一着装不仅是为了整齐好看，更是为了安全。使用设备前要对设备进行检查，确认运行正常后再进行操作。发现设备异常必须立即停止使用，等待检测、检修，确保设备处于正常状态后方可使用。操作结束时要做好收尾工作，如关闭机器，将操作工具放回原位等。

第二节　常见的劳动安全类型

一、校园劳动安全

学生虽然生活在校园里，但可以参与的劳动活动很多，如打扫寝室卫生、教室卫生、公共区域卫生，参与校内实训课程、校内公益活动等。那么，在参与校园劳动过程中，有哪些应注意的事项呢？如果从室内和室外劳动的角度出发，注意事项主要有以下内容。

参与室内劳动时，需注意多项安全事项。扫地时应避免打闹，谨防清洁工具造成伤害，同时留意尖锐物品以防碰伤。擦玻璃时要站稳扶好窗框，下窗台时选好落脚点，切勿直接跳下。拖地时地面不宜有积水，应穿着防滑鞋靴以防摔倒。擦拭电器设备前务必先关闭电源，且不能用湿布擦拭开关，以防触电。清扫屋顶蜘蛛网时，应斜着清扫以免灰尘掉入眼睛。

参与室外劳动时，同样需遵守安全规范。进行除草、捡拾垃圾等劳动时，建议佩戴手套以保护双手免受杂物伤害。在室外公共区域进行卫生打扫时，要特别注意有车辆路段的交通安全。此外，劳动时切勿赤脚，以免被地面刺伤。

二、实验实训安全

实验实训是高职院校学生职业技能培养的重要环节，旨在提升学生的实际操作能力。在进行实验实训前，学生需仔细阅读《实训室安全手册》并签订安全承诺书，明确安全规范。实训过程中，必须遵守实训室安全管理规定，听从管理人员安排，严格按照规程操作仪器设备。同时，实训室应配备齐全的消防器材，落实防护措施，定期检查安全设施设备。学生不得在实训室内吸烟、饮食、私拉乱接电线或随意拆卸改装仪器设备,仪器设备也不得带出实训室或开机过夜。实训结束后,应及时清理打扫,关闭电源和水源,关好门窗,发现安全隐患需及时报备处理,确保实训室安全有序。

三、校外实习安全

校外实习是学生人才培养的重要组成部分,主要分为学校教学要求的岗位实习及学生自己参与的社会兼职实习劳动。

(一)岗位实习安全

岗位实习是必修环节,通过岗位实习,学生能够了解真实的生产环境与生产过程,掌握操作技能。企业的真实生产环境、生产过程比校内实习、实训场地更为复杂,相对而言不可预测性及安全隐患更多,管理上更为困难。

在岗位实习期间,学生必须增强安全防范意识,提高自我保护能力,时刻注意自身的人身和财物安全,充分认识毕业生实习过程中安全问题的复杂性并做好思想准备。实习过程中,应严格遵守实习纪律及实习单位的安全操作规程,发现故障或异常现象立即报告,未经允许不得随意拆卸或启动设备,确保人身和设备安全,杜绝事故发生。同时,要注意宿舍安全,保管好个人财物,不得擅自外宿或留宿他人。外出时,要严格遵守交通法规,结伴同行,不逗留游玩,晚上不随意外出,不乘坐无证无照等无安全保障的交通工具,不无证驾驶机动车辆,确保实习期间的交通安全。

(二)社会兼职安全

很多大学生会利用寒暑假的时间在校外寻找兼职,开展社会劳动实践活动,提升自己的工作能力、社会适应能力及自主管理能力。然而大学生的社会阅历不够丰富,在找兼职或参加兼职劳动的时候往往容易出现一些问题,常见的有不法中介骗取中介费、收取各种押金和保证金、误入传销组织、拒绝签订书面协议、收取高额"培训费"、娱乐场所和兼职家教等不正当服务等。针对这些现象,大学生应提高警惕。防范多种风险。首先,要保护个人信息,投递简历前务必查询公司真实性,选择正规中介机构,并避免在简历中泄露过多个人详细信息。其次,谨防利用网络求职骗取钱财的手段,选择正规大型求职网站,并尽量核实招聘企业和信息的真实性。再次,拒绝企业扣留证件,面试时只带证件复印件,原件展示后务必取回,不给任何企业保管原件的理由。最后,谨防被骗取免费劳动力,做兼职时要签订具有法律效力的协议,确保实习试用期间由公司支付薪资。

第三节　职业健康安全应对

党的十九大作出实施"健康中国战略"的重大决策部署,强调"人民健康是民族昌盛和国家富强的重要标志"。2019年6月24日,国务院印发《国务院关于实施健康中国行动的意见》,并成立健康中国行动推进委员会,确定了《健康中国行动(2019—2030年)》路线图,其中,针对心理健康和职业健康提出了明确的要求。

一、安全事故心理创伤及其应对

一般来说,事故后受灾者会产生心理应激反应,尤其是重大灾害后。这种负面心理状态往往具有隐蔽性,会妨碍受灾者的正常生活,如不及时干预救治,这种创伤可能演变为不可逆的心理问题,对受灾者造成更大的伤害。

(一) 事故创伤常见心理问题

安全事故心理创伤源自事故灾害的破坏性作用。事故灾害使生存环境发生异常剧烈的变化,使受灾者产生过激反应,会造成不同程度的心理(精神上)和生理(身体上)伤害。比如,在生理上出现部分功能紊乱,在心理上出现情绪变化、认知障碍或行为异常等心理危机。

(二) 劳动者心理健康安全管理策略

近年来,劳动者心理健康已受到社会各界的普遍重视,也是医学界重点研究的课题。针对安全事故心理危机的干预技术开发已趋于系统化,并被广泛应用于灾后心理创伤的救治,成为事故灾害抢险应急处置的有机组成部分。在安全事故中,受灾者的身心在短时间内遭受巨大的创伤,对其实施早期的心理危机干预,可以有效避免其因机体调节功能减退而引发的应激反应,减少并发症的发生,对于帮助事故受灾者消除心理障碍、恢复心理健康有着重要的意义。劳动者心理健康安全管理策略主要有以下几个方面。

(1)关怀安抚。重大事故发生后对受灾者实施关怀安抚尤为重要,一方面可组织相关人员通过走访慰问等形式,了解掌握受灾者的心理真实诉求,让他们意识到自己并不孤独无助;另一方面可联系社会救助系统,解决其面临的困难,比如财产损失如何获得保险赔偿、健康受损如何向政府职能部门申请救助等,让他们的生活无后顾之忧,进一步增强受灾者解决困难的信心,重振生活的勇气和信心。

(2)心理疏导。心理学研究表明,缺乏必要的沟通是造成受灾者心理消极、抑郁的主要原因。因此,根据受灾者的心理危机状态,可以制订不同的有针对性的交流沟通方案,如单独陪伴交流倾诉、组织文化活动等。这些措施可有效释放或转移事故受灾者的心理压力,调节其情感和心理,消除忧郁、孤独等负面情绪,培养乐观的思维方式,以达到心理创伤恢复的目的。

(3)医学治疗。在事故灾害中,对产生创伤后应激障碍(PTSD)的高危人群,应及时实施医学心理治疗干预,并辅以药物治疗措施,有效缓解其心理不适症状,增加他们对心理干预的依从性,从而为实现其心理康复创造最佳条件。

二、常见职业病的危害及其预防

《中华人民共和国职业病防治法》(以下简称《职业病防治法》)规定:"职业病,是指企业、事业单位和个体经济组织等用人单位的劳动者在职业活动中,因接触粉尘、放射性物质和其他有毒、有害因素而引起的疾病。"按照国家卫生健康委、人力资源社会保障部、国家疾控局、全国总工会联合印发的《职业病分类和目录》(2024年12月11日印发、2025年8月1日实施),职业病主要包括职业性尘肺病及其他呼吸系统疾病、职业性皮肤病、职业性眼病、职业性耳鼻喉口腔疾病、职业性化学中毒、物理因素所致职业病、职业性放射性疾病、职业性传染病、职业性肿瘤、职业性肌肉骨骼疾病、职业性精神和行为障碍、其他职业病共12大类,共135种。

(一)职业病的分布与来源

目前,我国职业病危害分布广泛,从传统工业到新兴产业以及第三产业,都存在一定的职业病危害,严重的职业病会影响劳动者的健康。2019年,粉尘危害占全部新发职业病的81.83%,职业性耳鼻喉疾病占8.35%,中毒占4%,三者占全部新发职业病的94.18%。其危害主要源于生产环境、生产工艺过程和劳动过程三个方面。

(二)职业病的预防

职业病的预防是实施职业健康行动的首要任务。按照《职业病防治法》规定,职业病防治按照三级预防的原则执行。一级预防即病因预防,是使劳动者尽可能不接触职业性的有害因素,如改变生产工艺过程,在生产中以无毒物质代替有毒物质,并做好职业卫生培训和上岗前职业健康检查,及时发现职业禁忌证者;二级预防又叫临床前预防、"三早"预防,即早发现、早诊断、早治疗,防止其进一步发展;三级预防也称为临床预防或病后预防,是指劳动者患病以后,对其进行积极治疗,使劳动者及时脱离接触,防止恶化和并发症,促进康复。职业病危害的预防涉及国家、社会和个人三个层面,属于系统性工程,需多方协作方可有效预防。

【劳动小贴士】

全国职业病危害现状统计调查概况

为掌握我国职业病危害基本情况,经国家统计局批准,2020年国家卫生健康委组织开展了全国职业病危害现状统计调查。

本次调查范围为全国31个省(区、市)及新疆生产建设兵团所属的347个地(市、州、师)及其3027个县(市、区、团),调查行业为采矿业、制造业以及电力、燃气及水的生产和供应业三大行业(以下简称"工业企业")。

本次调查采用抽样调查的方式,共调查正常运行的、从业人员10人及以上的工业企业282191家,从业人员2211.39万人,其中,女职工

788.12万人,劳务派遣人员102.70万人,分别占被调查企业从业人员总数的35.64%和4.64%。

被调查企业中,存在一种及以上职业病危害因素的企业263723家,占总数的93.46%。存在职业病危害因素的企业中,存在粉尘危害的企业195618家,占74.18%;存在化学毒物的企业117943家,占44.72%;存在物理危害因素的企业239911家,占90.97%,其中,存在噪声危害的企业234210家,占存在职业病危害因素企业的88.81%。

被调查企业的从业人员中,接触职业病危害因素劳动者870.38万人,劳动者接害率为39.36%。接触职业病危害因素劳动者中,接触粉尘的劳动者412.57万人,占47.40%;接触化学毒物的劳动者241.06万人,占27.70%;接触物理因素的劳动者656.72万人,占75.45%,其中,接触噪声危害劳动者626.28万人,占71.95%;接触生物因素的劳动者1.22万人,占0.14%;接触其他因素的劳动者4.71万人,占0.54%。

(资料来源:国家卫生健康委员会职业健康司,2022年5月9日)

第四节　劳动防护用品

劳动防护用品是为了保护劳动者在生产劳动过程中的安全和健康而发给劳动者个人使用的防护用品和用具。依据《用人单位劳动防护用品管理规范》和其他法律、法规的规定,用人单位应当依法为劳动者提供劳动防护用品,保障劳动者安全与健康的辅助性、预防性措施,不得以劳动防护用品替代工程防护设施和其他技术、管理措施。

正确佩戴劳动防护用品可以使从业人员在劳动过程中避免遭受或减轻事故伤害及职业危害,是保障从业人员人身安全与健康的重要措施,也是保障生产经营单位安全生产的基础。劳动防护用品可分为头部护具、呼吸护具、眼部护具、听力护具、脚部护具、手部护具、身体护具、防坠落护具、护肤用品九类。

•头部护具主要指安全帽,由帽壳、帽衬、下颏带及附件组成。佩戴时需确保头顶与帽体内顶保持一定距离，下颌带必须扣紧。安全帽不得擅自打孔，受过冲击的应报废。严禁使用无缓冲层的安全帽。平时应保持整洁，避免接触火源，损坏或丢失需及时更换。

•呼吸护具用于防御有害气体、蒸气或粉尘吸入呼吸道，包括防尘口罩、过滤式防毒面具和自给式空气呼吸器。防尘口罩适用于粉尘环境，过滤式防毒面具用于防御有毒气体，自给式空气呼吸器则适用于缺氧或有毒环境。

•眼部护具如防护眼镜和焊接防护面罩等，用于抵御机械性、化学性和光学性伤害。有机玻璃眼镜适合粉尘场所，防化学溶液眼镜用于实验室等，焊接面罩则保护眼面部免受弧光伤害。

•听力护具如耳塞和耳罩等，用于降低噪声对听力的损害。耳塞插入外耳道降噪，耳罩则包围耳郭隔绝噪声。长期接触噪声的作业者应选择合适的听力护具。

•脚部护具如防尘鞋、防穿刺鞋、防酸碱鞋等，用于保护足部免受尖锐物体、化学物质或极端温度的伤害。作业者应根据工作环境选择合适的脚部护具。

•手部护具即劳动防护手套，根据防护功能分为多种类型，如普通防护手套、防水手套、防寒手套等。作业者应根据手部可能受到的伤害类型选择合适的手套。

•身体护具包括安全带等，用于在高空作业时提供安全防护。安全带由带体、安全配绳等部件组成，应正确佩戴以确保作业者的安全。

•防坠落护具主要包括安全帽（虽已归类于头部护具，但在防坠落方面也有重要作用）、安全带和安全网。这些护具用于防止人或物从高处坠落，或用来避免、减轻坠落物及物击伤害。

•护肤用品用于保护皮肤免受化学物质、紫外线或其他有害因素的伤害。作业者应根据工作环境和皮肤类型选择合适的护肤用品。

【劳动小贴士】

防护用品使用注意事项

职业病防治专家指出，个人防护用品在预防职业病危害的综合措施中,属于第一级预防部分,当劳动条件尚不能从防护设备方面改善时,其还是主要防护手段。个人防护用品有防护服、防护鞋帽、防护手套、防护面罩及眼镜、护耳器、呼吸防护器和皮肤防护剂等,利用其屏蔽和吸收过滤的作用,达到防护目的。在选择个人防护用品时,不仅要注意防护效果,还应考虑是否符合生理要求,在使用时还需加强管理和检查维护,才能达到应有的防护效果。专家指出,不少企业管理人员和劳动者在使用个人防护用品方面存在几个误区。

误区1:个人防护用品可戴可不戴。个人防护用品能消除或减轻职业病危害因素对劳动者健康的影响。《职业病防治法》规定,用人单位必须为劳动者提供符合防治职业病要求的职业病防护设施和个人使用的防护用品,同时劳动者应正确使用、维护职业病防护设备和个人使用的职业病防护用品。

误区2:车间没有异味,可以不用佩戴个人防护用品。许多有害气体无色、无臭、无味,不具有任何警示性,感觉不到。即使有味,感觉器官对外界的感知也存在着局限性和个体差异。因此,过分相信感觉,可能会导致职业中毒。

误区3:纱布口罩可用来防尘。普通纱布口罩不能作为防尘口罩。我们现在用的纱布口罩虽便宜,夏天吸汗,冬天保暖,但这样的口罩(即使16层厚)不能防护容易导致尘肺的呼吸性粉尘的危害,防尘需要专门的防尘口罩。

误区4:医用口罩可用来防毒。医用口罩可以防止病毒通过飞沫传播,但是不能过滤有毒气体。针对不同的毒物,需要使用不同过滤效果的防毒口罩。一般的可挥发性有机气体可以用活性炭防毒口罩。

误区5:防尘口罩可水洗后再利用。防尘口罩的滤料是不能水洗的。防尘口罩所使用的高效滤料通常为无纺布材料,有些还依靠纤维上带有的静电电荷过滤呼吸性粉尘。水洗后滤料的微观结构会受损,出现肉眼看不见的裂缝、孔洞,静电电荷也会大量损失,过滤性能严重下降。

课后思考

1. 在校园劳动实践（如实验室操作、校园清洁、手工制作等）中，可能存在哪些常见安全风险？针对其中一类风险（如化学品泄漏、工具误伤、用电隐患等），说明应如何制订预防措施和应急处置流程。

2. 劳动安全不仅包括物理安全，还涉及心理安全。在高强度劳动实践（如大型活动后勤保障、农业抢收等）中，如何识别参与者的"职业倦怠""焦虑情绪"等心理安全隐患？作为组织者，应通过哪些劳动管理策略（如轮休制度、心理疏导机制等）预防心理性安全事故？

参考文献

[1] 徐国庆.劳动教育[M].2版.北京:高等教育出版社,2021.

[2] 雷世平.新时代劳动教育教程[M].北京:中国水利水电出版社,2021.

[3] 刘向兵.大学生劳动教育通识[M].北京:高等教育出版社,2022.

[4] 冯喜成.新时代:劳动教育理论与实践教程[M].北京:首都师范大学出版社,2020.

[5] 余洪.新时代大学生劳动教育教程[M].长沙:湖南师范大学出版社,2022.

[6] 安鸿章.劳动简论[M].北京:北京理工大学出版社,2021.

[7] 喻岳兰,彭利余.新时代大学生劳动教育教程[M].长沙:湖南科学技术出版社,
     2020.

[8] 王作辉,肖强,田曼.新时代劳动教育理论与实践[M].北京:中国言实出版社,2020.

[9] 肖珑,江团结.中华传统文化[M].北京:人民邮电出版社,2021.

[10] 刘丽红,肖志勇,赵彤军.新时代劳动教育理论与实践教程[M].北京:中国民主法
      制出版社,2023.

[11] 《环球人物》杂志社.榜样的力量:奋斗精神代代传[M].北京:东方出版社,2021.

[12] 陶行知.生活即教育[M].武汉:长江文艺出版社,2021.

[13] 刘小庆,俞林辉,王存芳.大学生顶岗实习与就业指导[M].北京:人民邮电出版
      社,2018.

[14] 聂圣哲.劳动课与养活教育[M].杭州:浙江文艺出版社,2022.

[15] 常建.湖南人的性格解读[M].北京:中国电影出版社,2006.

[16] 杜纯梓.湖湘文化要略[M].2版.北京:北京大学出版社,2017.

[17] 陈劲,朱子钦.未来产业:引领创新的战略布局[M].北京:机械工业出版社,2022.

[18] 阿尔文·托夫勒.第三次浪潮[M].黄明坚,译.北京:中信出版社,2018.

[19] 姚建华.数字劳动:理论前沿与在地经验[M].南京:江苏人民出版社,2021.

[20] 李珂,曲霞.1949年以来劳动教育在党的教育方针中的历史演变与省思[J].教育
      学报,2018,14(5):63-72.